伸びる女《ひと》と伸び悩む女の習慣

関下 昌代 著
Masayo Sekishita

まえがき

30年以上、組織で仕事をしてきた今でも、人間関係で落ち込むときがあります。

初めての仕事には緊張し、プレッシャーで押しつぶされそうになることもあります。

仕事もプライベートも壁にぶつかって、「ああ、どうしよう」と悩んでいる状態は、日常、誰もが繰り返している現実ではないでしょうか。

でも、大丈夫。

私は、悩んでいる状態は悪いことではなく、むしろいいことだと考えています。

壁の前で立ちすくみ、うずくまって考えるからこそ、何かを得て、そこから芽を出し、根をはり、人は伸びていくのかもしれません。

伸び悩む女の代表のような私が仕事で出会った人、自分の失敗を通してわかったことのエピソードをお話ししながら、ほんの少し、視点を変えるだけで自分らしく生きられるヒントをお伝えできれば、こんなに嬉しいことはありません。

２０１４年7月吉日　　関下昌代

Chapter 1

「私」のあり方　11

1 伸びる女はしわのないユニフォームに身を包み
伸び悩む女はリボンの長さに悩む　12

2 伸びる女は指先が柔らかく
伸び悩む女はネイルを気にする　16

3 伸びる女は1年に何回怒るか決めている
伸び悩む女は細かく抗議する　20

4 伸びる女はここぞというときに「アネゴ」になり
伸び悩む女はここぞというときに「少女」になる　24

5 伸びる女は「ナチュラル」を目指し
伸び悩む女は盛る技術を身につける　28

6 伸びる女はことばを学び
伸び悩む女はことばをもてあそぶ　32

7 伸びる女は仕事とミッションをつなげ
伸び悩む女は仕事と利益をつなげる　36

Chapter 2

仕事への姿勢　41

1 伸びる女はできないことを見つけて喜び
伸び悩む女はできることを見つけて喜ぶ　42

2 伸びる女は仕事の精度を上げ
伸び悩む女はモチベーションを上げる　46

3 伸びる女はプロ意識をもち
伸び悩む女はプライドをもつ　50

4 伸びる女はコンディションを整えるのも仕事と考え
伸び悩む女はコンディションを言い訳にする　54

5 伸びる女は今できることを全力でする
伸び悩む女は余力を残す　58

6 伸びる女はアドバイスされたら即やってみる
伸び悩む女は納得したらやってみる　62

7 伸びる女は仕事を共有し
伸び悩む女は仕事を囲い込む　66

8 伸びる女は失敗をきっかけに成長し
伸び悩む女は失敗しないよう努力する　70

9 伸びる女は毎日工夫を重ね
伸び悩む女は日々の継続を苦にしない 74

Chapter 3

タイムマネジメント 79

1 伸びる女は時間泥棒に狙われない
伸び悩む女は時間の波にさらわれる 80

2 伸びる女は自由になる時間を作りだし
伸び悩む女は時間を管理しようとする 84

3 伸びる女は他人の時間を大切にし
伸び悩む女は自分の時間を大切にする 88

4 伸びる女はヒマをもてあまし
伸び悩む女は日々忙しい 92

5 伸びる女は仕事とプライベートをキッチリ分けず
伸び悩む女は5時からの顔を変える 96

Chapter 4

こころの整理 101

1 伸びる女は変化を好み
伸び悩む女は安定を好む 102

2 伸びる女は自分を変え
伸び悩む女は他人を変えようとする 106

3 伸びる女は柔らかに風を受け
伸び悩む女は譲れない砦をもつ 110

4 伸びる女はひとの世話でダンドリを学び
伸び悩む女はひとの世話を言い訳にする 114

5 伸びる女は問題をときほぐし
伸び悩む女は問題をからませる 118

6 伸びる女は感謝を次に送り
伸び悩む女は感謝の心を大切にする 122

Chapter 5

コミュニケーション 127

1 伸びる女は1日3回笑う
伸び悩む女は真剣に努力する 128

2 伸びる女は想像の翼を広げて鳥の目を持ち
伸び悩む女は半径5メートルを見る 132

3 伸びる女はトイレの神様の前で泣き
伸び悩む女は泣かないと決めている 136

4 伸びる女はほめことばを受け入れ
伸び悩む女はことばの裏を考える 140

5 伸びる女は男性と張り合わず
伸び悩む女は自立しようともがく 144

6 伸びる女は一緒に楽しめるパートナーを選び
伸び悩む女は自分が楽できるパートナーを選ぶ 148

Chapter 6

自分磨き 153

1 伸びる女はキャリアを引き寄せ
伸び悩む女はキャリアアップをはかる 154

2 伸びる女はGIVEを先に与えられる
伸び悩む女は頼る人を探す 158

3 伸びる女は仕事の現場で学び
伸び悩む女は学校へ通う 162

4 伸びる女はしたいと思ったら今始める
伸び悩む女はしたいことをいつするか計画する 166

5 伸びる女は偶然をキャリアに活かし
伸び悩む女は計画を紙に書く 170

6 伸びる女は夢と現実にブリッジをかける方法を学ぶ
伸び悩む女は夢と現実のギャップに悩む 174

7 伸びる女は未知の世界に答えを探し
伸び悩む女は自分の中に答えがあると信じている 178

8 伸びる女は体験にお金をかけ
伸び悩む女は形に残るものを買う 182

Chapter 7

自分時間 187

1 伸びる女はひとり時間を作りだし 伸び悩む女は付き合いがいい 188
2 伸びる女は全て後回しにして遊び 伸び悩む女はベッドまで悩みを持ち込む 192
3 伸びる女は休みを戦略的にとり 伸び悩む女は休みを享楽的にとる 196
4 伸びる女は付き合う人が年々替わり 伸び悩む女はいつものメンバーで女子会をする 200
5 伸びる女は手仕事を大事にし 伸び悩む女は新情報に注目する 204

「私」のあり方

Chapter 1

1

伸びる女はしわのないユニフォームに
身を包み
伸び悩む女はリボンの長さに悩む

銀行に就職した新入社員のころ、毎朝、女子更衣室で制服に着替えるとき、一緒になる先輩たちの鋭い眼差しや、うわさ話が本当にこわかったものです。

さっと着替えてその場から離れたいのに、制服を着るのに時間がかかっていました。

不器用なので、ブラウスのエリの下に通して結ぶリボンはなぜか、たて結びになります。

手先の器用な同期に結んでもらうこともありました。

結び方を教わっても、リボンの左右に下がったひもの長さに差ができて、何度か結び直さないといけません。一発でリボンがきれいに結べた朝は、「あ、今日は一日調子がいいかも」と思えるほどリボンのできがその日の気分を左右しました。

昔、フランス革命で活躍したナポレオンの名言集の中にこんなことばがあります。

「人はその制服どおりの人間になる」

制服（ユニフォーム）姿で仕事をする職業は世の中にたくさんありますね。

みんな同じものを着ているからこそ、見た目の違いに「差」が生まれます。

洗濯（クリーニング）されているか。

しわがないか。

服のサイズが身体に合っているか。

「清潔感」がビジネスの身だしなみのポイントですよね。

ナポレオンは、制服の着こなし一つで、その人の仕事に取り組む姿勢が現われると言いたかったのではないでしょうか。

社会人として最初の勤め先だった銀行で、働く人の基本のキを学んだことはラッキーでした。そのころ、先輩から注意を受けたのはこんなときでした。

- 制服姿で、ランチタイムに仲良しグループで喫茶店でおしゃべりしていたとき
- 事務処理を焦るあまり会社の中を走っていたとき
- 見えないからいいかなと、机の下で足を組んでいたとき
- 汗でお化粧が落ちても、気にしなかったとき

お客様が見たらどんなふうに感じるかの視点で、先輩から指導を受けました。

制服を着ると、からだ全体が360度どこから見ても「会社の顔」になり、社会人って大変だなと思いました。

やがて制服のない職場に転職したとき、こんどは、何を着ていいのやら困ったものです。自由に服を選んで着こなす職場に憧れていたはずなのに、制服があったほうが悩まなくていいので楽だと思いました。

第一印象は見た目の一瞬で決まります。

悪い第一印象をひっくり返すには時間がかかります。だったら最初からいい印象を持たれたほうが得です。

ばっちりお化粧をして容姿に気を配ることは大切です。だけど、もっと大切なことは、その人の生き方の姿勢にあるような気がします。

「この人に仕事を頼みたい」と、周りの人に安心して仕事を任せられる「信頼」を得るにはどうしたらよいのでしょうか。

私の30年にわたる仕事の経験から、体験を通して気づいたことを、これからお話ししていきたいと思います。

アンバランスの中でバランスしている状態が一番美しい

2

伸びる女は指先が柔らかく
伸び悩む女はネイルを気にする

社会人になると同時に母親が「お茶」と「お花」を習いなさいと言いました。「そんな花嫁修業のようなものはやりたくない」と反発しましたが、気がついたら入門させられ、しぶしぶお稽古に通い始めました。

仕事が終わった後の夕方7時ごろに通っていましたから、疲れて行きたくないときは「今日は残業でお稽古に行けません」と電話をかけてはサボっていました。

不真面目で欠席ばかりしていましたが、お稽古の場所に行くとお菓子は美味しいし、草花を触ると気持ちがリフレッシュし、楽しく感じるようになったものです。

結局、その「場所」に行くまでがおっくうなのですよね。

そんないい加減な生徒でしたが、この2つの日本の伝統文化を習っていたことが、その後の仕事にものすごく役立ちました。

日本の伝統文化の力は恐るべしです。

茶道の先生から、立ち居振る舞いを習いました。

ふすまの開け閉め、畳の部屋の歩き方、お辞儀のしかた、お礼の言い方、お月謝を渡すタイミングや封筒の表の書き方など。お茶の点て方はもちろんのこと、お茶事では懐石料理の作り方、お客様への料理の出し方、お食事・お酒のいただき方まで。幅広い礼儀作法がありました。

床の間に飾るさりげない花、お茶碗の柄、道具の形で季節感を楽しむことも覚えました。空間《スペース》の「間」、ことばとことばの「間」、動作と動作の「間」に美しさがあること。黙っていても気持ちが通じ合うこと。

「沈黙」が生みだす心地よさを「お茶」のお稽古から学んだ気がします。

職場での振る舞いも変わっていきました。

意識して変えたことは、たとえばこんな簡単なことです。

- 上司に書類を手渡すとき、相手のほうに書類の向きを変えながら指先をそろえる
- 上司の机の上に書類を置くときは、ゆっくりと静かに置く
- 応接室にお茶を運ぶとき、ドアの前では、お客様にお尻を見せないように回る

それまでドタバタと動いていた私は、音を立てないで、静かな振る舞いを心がけるようになりました。

その後、外資系銀行の職場で働くようになりましたが、その職場には、肩で風を切って歩くような、いかにも元気のいい女性が多かったです。

私は控え目な所作が身についており、このことがかえって外資系では目立つことになったのには意外でした。

「あの日本的な女性、なんていう名前なの？」と聞かれたと上司から言われたことがありました。

日本にいると気づかないかもしれませんが、日本女性のたおやかな美は世界の羨望の的なのです。

指先のネイルを常に美しく保つのは同じ女として素敵だなと憧れます。

時間とお金がかかりますからね。

だけど、あの人、素敵だなと感じるのは、どんなときでも姿勢がよく、指先まで静かでゆっくり……優雅な立ち居振る舞いにあると思います。

新しいことを始めると行動が変わる

3

伸びる女は1年に何回怒るか決めている

伸び悩む女は細かく抗議する

邦銀を退職した後、派遣や契約社員で企業の受付や秘書の仕事を経験しましたが、どこも基本的には日本人ばかりの職場でした。

外資系銀行へ転職してからは、外国人や外国的な要素が入って、コミュニケーションの違いに戸惑うことが多かったです。

最初の職場の邦銀では、「根回し」が最優先。

若手社員が先輩や上司に自分の意見を率直に言うことはタブーでした。

しかし外資系では真逆でした。

意見を言わないと、現状で満足していると判断されるのです。

意見のぶつかり合いが、文化や価値観の違いでエスカレートしていくさまは、議論などしてこなかった当時の私には、喧嘩としか見えませんでした。

しかも、ディベートに長けた彼らが論陣を組むと、理不尽なことも通ってしまうことがしばしば。

いくら温厚な（！）私でも我慢にならない！ということが度々ありました。

そんな中で仕事をしていくうちに身についた「サバイバル術」の中の一つが、

「1年間に怒る回数を決めておく」

というものです。

勢いに任せてぶつけたくなる怒りをグッと飲み込んで、

「今、怒るのは自分にとってプラスかどうか？」

という問いを自分に投げかけるようにしました。

怒ったことが自分にとってプラスになる場面以外では怒らないと決めたんです。

怒らないことでストレスにならなかった？　とよく聞かれます。

まあ、まったくゼロというわけにはいきません。

でも、

「今年は1年間に3回怒るって決めていて、もう1回、使っちゃったからなー。

今怒っちゃうともったいないかも。

この次にとっておこうかな」

そんなふうに考えると、怒ることもゲーム感覚でいられました。

しかも、こうして怒りを無駄なところで消費しなくなった結果どうなったかというと、私が本気で怒ったときは、ほとんど意見が通るようになったんです。

なにしろ、ふだんはめったなことでは怒らない（ように見える）大和撫子。

怒ったとなると影響が大きく、体が大きく、押し出しの強い外資系男性たちも「ここは関下さんの意見に耳を傾けてみよう」という雰囲気が勝手にできあがっていきました。

日ごろからつまらないことで怒っていたら多分、こうはならなかったと思います。

怒りどころを考える。

絶対に負けられない戦いに勝つ。

外資系企業に限らず、自分の影響力を高めることのできる有効な習慣だと思います。

自分の心とゲーム感覚でつき合ってみよう

4

伸びる女はここぞというときに
「アネゴ」になり
伸び悩む女はここぞというときに
「少女」になる

外資系銀行では、クレジットカード部門に7年、銀行法人部門に5年、人事部8年と、3つの部門を渡り歩きました。

前職の邦銀の事務処理経験が最初の2つでは生かせましたが、人事部門は全くの別世界。事務処理相手から、人相手の仕事に変わり、とまどうことばかりでした。

人事部に異動して最初の仕事が4月の新入社員研修担当者でした。

朝一番に70人の新人の前に立ち、その日のスケジュールや注意事項を伝えなければなりません。

私には、この「人前でしゃべる」ということが恐怖でした。

「人前に立つのはちょっと……　私にはこの仕事、無理です」

と言うと、上司は呆れていました。

そしてその上司は、なんと1年で一番忙しいこの時期に、1週間休暇をとりハワイ旅行に行くと言うのです。

信じられませんでした。

「私のことが心配じゃないんですか？」（涙目）

他にやる人がいないので、私は上司が留守の間、大勢の前で話す仕事をやらないわけにはいきませんでした。

新人から、「声が小さくて何を言っているのかわかりません」とダメ出しされながら、だんだんと人の前に立つことに慣れていったように思います。

この経験が私を「アネゴ」に変えていきました。

ライオンのお母さんのような、大胆な子（部下）育てをした上司には今でも感謝しています。

初めての仕事や、苦手あるいは自信がないと思う仕事は、やってみたほうがいい。

私のように、まず逃げることを考えたり、子どもっぽく「でも」、「だって」から始まるできないことの言いわけを考える……のではなく、

「あら。私にもできると思われたから、来た仕事なのね」

と思えたら、ちょっと嬉しくなります。

普段おとなしいあなたが「アネゴ」に豹変する瞬間は魅力的に違いありません。

失敗をおそれない大胆さ。

失敗してもそれを次に生かす前向きさ。

素敵な「アネゴ」は誰からも頼りにされ人気者です。


私が外資系銀行で頼りにしていたJ先輩はこんな人でした。

いつも背筋がピンとしている。

パンツスーツが身体にフィットして大股で歩く。

ここぞという会議には、長い髪はアップされ、よけいな髪飾りはない。

そんなJさんは、プロっぽくて輝いて見えました。

そのプロっぽさに柔らかい笑顔が加わったとき、一段と素敵なアネゴにほれぼれとしたものでした。

強いアネゴと、並んで歩いてみよう

5

伸びる女は「ナチュラル」を目指し
伸び悩む女は盛る技術を身につける

外銀時代の同僚に、30歳になったばかりのAさんがいました。

負けず嫌いで、仕事を最後までコツコツと粘り強くやり遂げる人でした。

ですから上司からも同僚からも信頼度が高かったと思います。

自分の仕事は最後まできちんとやり通す、その根性と責任感を彼女から学びました。

ただ残念な点がありました。

彼女の服装とネイルが時々「?」なのです。

邦銀は制服で仕事しましたが、外銀では私服でした。外銀には「制服」という発想すらありません。すべて自己責任なんですね。

銀行の職場に似合わないフリフリのひだが入ったスカートをはいてきていました。爪にはつけ爪が派手に彩られ、パソコンのキーボードを叩く音が周りに響きます。

彼女は仕事にふさわしくないルックスという点で上司から度々注意を受けていました。

「Aさん、その格好でお客様の前に出ないでください」と。

仕事で評価されているのだから、「女っぽさ」を盛らなくてもいいのにな……。もったいないと思いました。

美しさにも、ゴテゴテと飾り立てた美しさと、機能的でシンプルな美しさがあります。

飾り立てたくなるのは外見だけではないですね。

その場を取り繕うような仕事をしても、結局は本質が見え隠れしてしまうもの。

だったら最初から潔く正直にいきたいものです。


これは自分の体験談です。

人事部の研修部門でトレーナーの仕事にデビューして間もないころのこと。

社内研修の最後のQ＆Aで、システム部の女性Tさんが手を挙げて質問したとき、焦りました。想定していなかった質問に、答えられません。

「どうしよう⁈　答えがわからない。ここで答えなければトレーナーとしてバカにされる。だけど、間違ったことを答えたら、ほんと最悪……」

いろんな感情が渦巻きました。そして腹をくくりました。

「Tさん、質問ありがとうございます。すみません。正直なところ、私は今、その答えを持ち合わせていません。ですので、調べて皆さんにメールでお答えするという形をとってもいいですか？」

20人ほどの参加者の前で言うには勇気が要りました。

「え？　あなたトレーナーなんですよね？　そんなこともわからないんですか？」

と言い放つTさん。ショックでした。だけど仕方がありません。未熟者と認めて次のステップを考えるしかありませんでした。

研修後、早速調べて、参加者全員にメールで答えました。お陰で一つ知識が増えました。

不思議なことに、その次の研修の場面で、全く同じ質問をしてきた人がいました。

「やった！」

余裕の笑みを浮かべて答えられたとき、きつい言い方をした怖いTさんに感謝しました。

自分を守る力は、自分で痛い思いをしながらつけていくしか方法がないのですね。

「ナチュラル」さは、無防備で魅力がありますが、素の自分を認めるには勇気が必要です。

そこから逃げてその場しのぎで「盛る」技術は、いつかはばれてしまいます。

素の自分を認めて、自分らしさで勝負する道を選ぶあなたが伸びる女（ひと）です。

素の自分を認めてあげられるひとが、強くなる

6

伸びる女はことばを学び
伸び悩む女はことばをもてあそぶ

講師をしている先で出会う大学生たちは「敬語」に自信がないと言います。

これだけスマホが普及し、ＬＩＮＥのスタンプだけで会話が成立する今、敬語が話せないのはむしろ自然なことのように思います。

就活を控えて不安を抱えている学生には、アルバイト先などで実際に人と会話をして、体で覚えるしかないとアドバイスをしています。

実践で学ぶのは外国語を習得するのと似ていますね。

仕事の現場にはさまざまな「ことば」が飛び交います。

メールで情報のやり取りするようになった現在は、20年前と比べたらサイレントな職場になりました。

シティバンクの新入社員に、優秀と評判の女性Ｍさんがいました。

チャーミングな笑顔も素直な態度も印象がよく、配属先でもさぞかし活躍するだろうと思っていました。

ところが、配属後まだ試用期間も過ぎていないころ、Ｍさんと別の部署で働くベテランのＳ女史からクレームの内線が入りました。

「ちょっとー。研修部で何教えてるの？　新人のMさんのことば使いがなってない」

そんなはずはないので、よくよく聞いてみると、

「外部のお客様には正しい敬語が使えるのに、社内の私たちにはタメ口なのよ。何で私が新人からタメ口で話しかけられなくちゃいけないの？」

個人的に親しいS女史だったから、ここまで本音を話してくれたのだと思います。

Mさんの上司に早速連絡し、指導してもらった結果、Mさんは自分の力でよい評判を取り戻していきました。

社外と社内の両方にお客様がいることを改めて意識した出来事でした。


社内の人には、つい気を許しがちですよね。

特に同期入社や年下の後輩には「ちゃん」づけで呼んでしまったり。

自分以外はみな、誰もが何かを教えてもらう先生だと思えば、ことばも自然と丁寧になります。

きれいな日本語、丁寧なことば使いは周りから一目置かれます。

外銀時代の先輩Jさんは、そのお手本でした。

年齢・役職・立場に関係なく、正しい敬語を使っていました。

相手がクレームのお客様でも、部下でも、コピー機のメンテナンスに定期的に来訪する方にも。

相手によってことば使いを変えないところが優雅で上品でした。

品がよいひとは、信頼され尊敬されます。

上品なあなたも、仕事にふさわしくないことばや態度をとる人も、必ず誰かが見ています。

TPOに応じた、ことばの武器を磨けば、賞味期限なしの魅力を手にします。

誰もが師匠と思って丁寧にことばをかけてみる

7

伸びる女は仕事とミッションをつなげ
伸び悩む女は仕事と利益をつなげる

毎年、新しい手帳に書きつけていることばがあります。

「ジャンプしようとする私をハードルが拒んだことは一度もない」

No hurdle will ever stop you unless you refuse to jump.

出典は不明だそうですが、会社社長をしている知人からいただいたこのことばは、心に響きました。

頭の中にこんな映像が浮かぶのです。

晴れ渡った空を背景にした運動場のトラック。

そこにスポーツウェアを身にまとった自分がスタートの構えで合図を待っています。

心を静めて、目の前のハードルをこれから飛び越えようとしているのです。

ハードルを倒してしまったら、また起こせばいい。

次は足が引っかからないように、もっと高く飛ぶ工夫をしたらいいのだから。

日々の暮らしの中で大切にしていることばはありますか？

「迷ったらGO！」

「思っていても行動しなければ、思わないのと同じ」など……

私たちは日々何かを選んで生きています。

悩んだとき、迷ったとき、自分の信じることばに照らし合わせ、自分の言動を選んでいく……　そんな信念を持っていると心強いです。

信念は、経験的に身についたことかもしれません。

あるいは、一緒に働く人、師匠と呼べる人から学び、採り入れたことかもしれません。

自分の中のぶれない芯のようなもの。「モットー」と言ってもいいかもしれませんね。

外銀時代、会社は文化的クラブ活動を奨励していました。お花クラブに入っていた私は月に2回、仕事の後で生け花のお稽古に真面目に参加していました。

あるとき部長から「関下さん、副部長になってくれませんか?」と頼まれて迷いました。

(どうして私?　もっと仕事が忙しくない人に頼んでほしいな)

(責任ある立場になるのはちょっと……　お世話係にふさわしい人、他にいるでしょ?)

でも、自分のモットーを思い出しました。

「来た仕事は断らない」

新しい仕事には不安がつきもの。変なプライドはこの際捨てて、やってみよう！　という考えに変えて、ハードルを倒しては直し、ゴールのテープを切る経験をしてきました。転んでひざから血が出たこともあるけれど、この転んだ経験が貴重だったと気がついたのは、後になってからです。

結局、私はお花クラブ副部長の仕事を引き受けました。

そしてある日のお稽古のときに何気なく口にした「なんか……　管理部門に移りたくなったんだけど、どこかにポストがないかなぁ」。

たまたま隣のテーブルで花を活けていた人事部の方が聞きつけて声をかけてくれ、人事部に異動したのです。

副部長の役割でクラブのお世話係を引き受けなかったら、声をかけてもらえたかわかりません。見返り（利益）を考えないで目の前の役割（ミッション）を、モットーに照らし合わせてこなしていく。すると未来のドアを誰かが開いてくれるのかもしれません。

来た仕事には、すべてYESと言ってみる

仕事への姿勢

Chapter 2

1

伸びる女はできないことを見つけて喜び
伸び悩む女はできることを見つけて喜ぶ

最初から何でもできる神様のような人はいませんよね。

どんな人でも、初心者のときがありますから。

何でも始めからうまくできちゃうような人も、あえて爪を隠して、しっかり自分のものにするまでは、

「できません。わかりませんから教えてください」

と先輩方の懐に入るのが、何かと得です。


外銀に移って仕事のしかたが変わったのは、「自分ができないことを知る」「できないことを知ったらそれを自ら学ぶ」ことからでした。

邦銀時代のように、手取り足取り教えてくれる先輩はいません。

足りない知識は、「おすすめ本」や「学校」の情報を上司や先輩から教えてもらいました。

経理の仕事をするのに、会計知識が不足していたので、まずマンガでおおまかな知識を得て、簿記学校に通いました。

「昨日までできなかったことが今日できる喜び」

この喜びは、一歩前進のうれしさでした。

最初はできなくてもやがて、少しずつできるようになります。

そうすると自信がついて、だんだんと楽になります。

仕事が楽になり、職場の人間関係にも慣れると、居心地のよい空間ができあがります。

実際、この状況になるまでが大変ですよね。汗と涙で勝ち取って、手に入れた自分の居場所です。意識しないでできるようになった仕事のあれこれ。

これは大事にしたいですね。


快適な日々を送っていると、変化の波は春のように突然押し寄せてきます。

気持ちが通じ合っていた上司が変わる。

自分が昇格して部下ができ、後輩を指導する立場になる。

慣れ親しんだ環境が変化するとき、

「こんどの上司と、うまくやっていけるかな」

「私にリーダーシップがとれるかな。チームメンバーが言うことを聞いてくれなかったらどうしよう……　自信がない……」と不安になることがあります。

慣れ親しんだ環境が変わるとき、誰もが感じる苦痛だと思います。逃げ出したくもなります。

こんなときは、気持ちを振り出しに戻して、新しい仕事を一から覚える感覚でいくといいかもしれません。

「こんどの上司は、前の上司とこんなところが違うんだ……　おもしろい！」

「それ、私にはなかった感覚だわ。おもしろい！」

違いをかみしめる、自分との共通点を見つける「楽しみ」を意識していけば、苦痛もいくぶん和らぎます。

こうして、だんだんと新しい環境に慣れてきたとき、苦痛だった空間が居心地のよい空間に変わっていくのです。

そして、また変化の波がざぶ～ん。

この繰り返しで、意識しないでできることが増えていきます。

どんどん、変化の波乗りをしていく人が成長する人だと思います。

素直であることは、上達の一番の近道

2

伸びる女は仕事の精度を上げ
伸び悩む女はモチベーションを上げる

「彼女、仕事ができるよね」と評価される女（ひと）になるには、何か一つでも、たとえ1ミリでも相手の期待を上回ることです。

皆さんがすでにやっていることかもしれません。

仕事の指示を受けたら、100％その指示に答えるのは当たり前のこと。そこに「トッピング」を一つ加えてみるといいですね。

上司に書類を手渡すときの、爽やかな「笑顔」。

社内便で書類を他部署に送るときの「よろしくお願いします」の一言メモ。

出張などの手土産のお菓子が机に配られたら「いただきます」のことば。

どんな小さなことでも、相手の気持ちがホッと温まるような言動から信頼が生まれます。

緊張感ただよう職場だったらなおさらのこと。「仕事への姿勢」がテーマのこの章のキーワードは「相手の立場」になって動くことです。

締切りがある仕事をいくつも抱えるときがありますよね。

そんなとき、仕事の優先順位に迷うことはありませんか？

好きな仕事から片づける。好きな人から頼まれた仕事から始める。

コマ切れの時間を利用して、ぱぱっとできる仕事を片づける。

仕事に「勢い」をつけるために、慣れた仕事から手をつける。

全部アリだと思います。


「自分の部署だけで完結する仕事より、他の部署がからむ仕事を優先しなさい」

邦銀時代、同じ融資課の先輩のアドバイスでした。


私はさらに締切日より2日前の完成を目指します。

2日の余裕をとることで、上司にチェックしてもらう時間が生まれます。

修正する点があれば、余裕をもって取り組むことができます。

こうして他部署がからむ仕事にいつも完璧な内容で、しかも締切日に遅れない実績を作ると、どうなるでしょう。

「彼女には安心して仕事が任せられるね」と他部署の人から評価されます。

報告書の数字の提出など、他部署がからむ仕事は、流れ作業で会社全体の仕事の生産性に影響を及ぼします。一つの部署が締切りを破ると途端に全体の仕事がストップします。だから他部署がからむ仕事が優先されるべきなのですね。

さらに、他部署の人たちから評価されると、あなたの上司も評価されます。

「あなたの部署の○○さん、いい仕事ぶりですね。さすが！　上司の指導がいいからですね」などと言われたら上司も鼻が高い！

こんな嬉しい事例をたくさん作っていくといいですよ。

仕事の優先順位で迷う時間が省けます。

スキルも徐々に上がっていくので、同じような仕事にかかる時間も少なくなります。

仕事の精度が上がると、自然とモチベーションも上がります。

余裕ができた時間で、さらに上のレベルの仕事をこなせるようになりますからね。

他部署から○○さんがほしいと言われるようになったら、こっちのもの。

自分が本当にやりたい仕事へ、一歩近づいていくことになります。

仕事のプライオリティは他部署がからむものから

3

伸びる女はプロ意識をもち
伸び悩む女はプライドをもつ

仕事の達人に焦点を当てたNHKテレビ番組で、最後にゲストへ「プロフェッショナルとは」の問いかけがありました。

「あなたにとってプロフェッショナルとは」とマイクを向けられたら何と答えますか？

人によって経験やことばの選び方が違うので、人の数だけ答えがあると思います。

ことばに出さなくても一人ひとりが身体の中に、ろうそくの芯のように持っているものかもしれません。

友人のエステティシャンAさんは現在、30歳代の前半。リーダー格として部下育成にも力を発揮しています。

お客の立場が、彼女との初対面でした。

いつもほれぼれするような仕事ぶりです。

銀座で働く彼女のマッサージを受けるために、海外を飛び回る歌手や、沖縄で働く女性が予約を取ってはるばるやってきます。

彼女の何が他の人と違うのだろう？　という視点で眺めてみました。

Aさんの手腕が優れているのは言うまでもありません。

常に新しい技術に挑戦し続け「自分の技術に満足したら終わりです」というAさんです。


長い髪はアップされ、後ろ姿がシャキッとし、背筋がピンとしています。

少し早めの歩き方で視線がまっすぐ、ふらふらしていません。

白い制服の胸ポケットに差しているペンは黒いモンブラン。

何年も通っている常連客に対しても、毎回はっきりとこう言います。

「本日担当いたしますAです。よろしくお願いします」

ことばの後に丁寧なお辞儀をします。


この折り目正しい言動に加えて、さらに注目すべきは、仕事以外のあらゆる情報にアンテナを立てていることです。

世の中のニュース・芸能ネタ・スポーツ・ファション・グルメ情報……

どんなお客様とも会話のやり取りができるはずですね。

彼女の仕事柄、お客様と2人きりになる個室。

ここは学びの宝庫だそうです。お客様のことばから学ぶことが多いと話してくれました。

そしてAさんは驚くほどの聞き上手です。

背中のマッサージで筋肉の固さが前回と違うと感じると「～～筋が張ってますね。何か緊張するようなことがありましたか」とそっと声をかけ、話を真剣に聞いてくれるので、こちらも話しやすくなるのです。

そして会話のやり取りの中で、さりげなくリラックス方法や疲れの簡単なとり方を教えてくれます。

人によっては話をしたくないお客様もいるでしょう。心からリラックスしたい、癒されたいというお客様が気を遣うようでは、お店から離れていきます。

どんな話をすればいいのか、あるいは黙っているほうがいいのか。この空気感を敏感に感じて対応する。ここにもAさんのプロ意識が出ているように思います。

プロ意識とは、自分より、相手のプライドを優先させることをAさんから学びました。

自分より相手のプライドを優先させる

4

伸びる女はコンディションを整えるのも仕事と考え

伸び悩む女はコンディションを言い訳にする

毎日、朝から元気いっぱいでいたいものですが、なかなかそうはいきません。

体調管理も仕事のうちとわかっていても、つい時間を忘れて楽しみすぎて、翌日に響くことがあります。

友達とのお食事や飲み会で盛り上がり、ワインがたたり二日酔いで頭がガンガン。

レンタルＤＶＤに号泣し、翌日眼が腫れてしまった。

ＳＮＳやＬＩＮＥに時間をとられ、寝不足で疲れがとれない。

私はそんなときほど、気合いのスイッチを入れます。

元気が出ない朝だから、いつもより早く出社。

元気に見えるお化粧や、ビタミンカラーの明るい発色の服を着て仕事をするしかありません。

いち早く薬を飲む。ドリンク剤を飲む。

腫れた目はメイクでごまかして、余裕の「笑顔」を作ります。

そうすれば、「今日は元気だね～」なんて声をかけられます。

「いえ実は……」などと正直に言わなくてもいいのです。

周りに余計な心配をかけないのが、伸びる女（ひと）の習慣なのですから。

外銀時代、クレジットカード部門から会社の要ともいえる銀行法人部門に異動したとき、失敗しました。

金曜の夜、自宅でふざけてでんぐり返しをしてしまったのです。

白いマットが体育館のマットに見えてつい前転・ついでに後転。

翌日、ベッドから起き上がれなくて驚きました。首を痛めたらしいのです。

レントゲンの結果、首の骨に原因あり。白い首輪（鞭うち症の人が首にぐるっと巻いている分厚いコルセットのようなもの）をはめられました。

真っ先に先生に聞いたことは

「月曜日に会社、行けますか？」

「行けるけど、首に負担がかかる仕事をしないこと。首輪は外さないこと」

寒い季節でしたから、白いセーターを着込んで、タートルネックを着ているように見えることを期待して出社しました。

新しい部署へ移ってまだ数日目。周りには誰ひとり知り合いがいなく、まるで転職した気分でしたが、首を心配してくれる同僚たちのお陰で「首のお姉さん」として50人くらいの部署の人たちにあっという間に名前と顔が知られることになりました。

「そんな姿で、よく会社に来るわね。私なら休んじゃうけど」と話しかけてきた先輩がいました。

心配してかけてくれたことばだったと思うのですが、カチンときました。

「これしきのケガで、会社を休むなんて私の辞書にはありません」と心の中でキメてみせ、余裕の笑顔を作りました。

新しい上司は、でんぐり返しの話に驚き「君ってそんな人だったの？」

どうやらおとなしい人と思われていたようです。

見た目が痛々しいので残業しないように同僚たちは気をつかってくれました。

お陰で会社を休むことなく2週間ほどで首輪は外れました。

新しい仕事を必死に覚えながらも、首輪姿だった間抜けな自分を思い出すと笑えます。

周りに余計な心配をかけない

5

伸びる女は今できることを全力でする

伸び悩む女は余力を残す

私たちは目標の数字を達成しようと日々頑張っていますよね。

営業の売上個人目標、経費削減の部門の目標。

チームで数字を競い合うキャンペーンなど。

目標を達成してホッとしたのもつかの間、
もう次の月や年にカレンダーが変わり、また新しく走りだす。

これを無限に繰り返しているような気がしてきます。

ただ、同じようなことを繰り返しているようで、状況や環境が少しずつ変化していくのも事実です。

年を重ねながら経験を積んでいくあなたの力も、未来へ向けて着実に伸びています。


これも自分の体験談です。

新卒で銀行に入って1年目、仕事に慣れてきたころのこと。

関連会社のクレジットカードの新規客獲得キャンペーンがありました。

課長はグラフを壁にはり、個人ごとの棒グラフを描いて競わせていました。

「新人がこんなに頑張っているんだから、他の人も頑張るように」と朝礼で課長が発破をかけます。

それまで窓口業務が主だったので、初めての営業活動です。

意気揚々とパンフレットを持ち、地元の親せき・友人・母校の先生に会いに行きました。

一人前の社会人になった気分で晴れがましく、まさしく怖いモノ知らずで青臭く営業活動に一生けん命、歩き回りました。

協力してもらったお陰で私のグラフが一番高くなりました。

すると、マンツーマンで仕事を教えてくれていた3つ上の先輩から声をかけられました。

「ばかね。来年のキャンペーンのためにお客様はとっておかないと」

「よく頑張ってるね」とほめられると思ったら、このことばです。

「が〜ん」ときました。

確かに翌年は獲得に苦労するかもしれません。

「回れる人には全部回ってしまったから、来年は獲得ゼロになるかもしれない。力を加減すべきだったかも‼」

ところが、そのキャンペーンは翌年も、その翌年もありませんでした。

次の年にお客様をとっておかなくてよかったと思いました。

クレジットカードの営業がきっかけで、ボーナス時期に預金してくれるようなご縁もできました。

母校の、ある先生は「お金の話は奥さんと相談しなきゃね」とおっしゃり、後日、銀行に奥様がお金を預けに私に会いにこられたのには感激しました。

できの悪かった生徒が社会人になったので、心配してくれたのかもしれません。

おそらく余力を残すような仕事をしていたら、「次」の仕事のチャンスはなかったと思います。

目の前の仕事には全力をつくす。そこからチャンスが芽生える

6

伸びる女はアドバイスされたら即やってみる

伸び悩む女は納得したらやってみる

最近、そろばんが見直されていると聞きます。

高校3年生の秋、銀行に就職が決まり、のほほんと遊んでいたら、入社後にそろばんの試験があると聞いてあわてました。

年末のそろばん塾、小学生の中にポツンと座高が高い私がいました。たたみの教室に低いテーブルがあり、正座で足が痛かったことと、そろばんの音、先生の「ごわさんにいたしましては……円なり……円では?」という甲高い声を思い出します。とりあえず3級の資格がとれればいいやと、ちょっと投げやりな態度の私に先生がおっしゃったこと。今でも忘れません。

「そろばんも、仕事も同じです。素直な人が伸びていきます」

このとき、素直であることの意味が、素直でない私にはピンときませんでした。

素直ってなんだろう?

会社に入って、たくさんの壁にぶつかってわかりました。

職場の先輩・上司が指摘してくれるアドバイスに従うこと。

つべこべ言わずにまずやってみること。

そしてわからなかったら、わからないことをタイミングを見て質問すること。

ただ私は未熟なくせに頑固でしたので、なかなかアドバイスをすぐ実行に移せないでいました。今振り返れば、生意気でかわいくない新人だったと思います。

それから10年経って、わかったこともあります。

外銀時代に私の部署にやってきた大学院を卒業したばかりの新人が、言い訳の達人。

仕事の指示を出すと、必ず質問してきます。

こちらは時間がないので1から10まで説明できないときもあります。

朝10時に、「とりあえずこのデータを、システムのこの部分に15時までに入力をしてください」と言ったのに、15時までに完了していない。

「なぜできなかったの？　時間は十分にあったはずじゃない？」と聞くと、

「だって。システムの構造に興味がわき、集中できませんでした」と言うのです。

銀行ですから、データ入力が決められた時間に合わないと大変なリスクにつながります。

たしかに一つひとつの仕事の内容に納得するのはいいことです。意味を理解してやる仕事は、奥深くなり、さまざまな視点を持てますからモチベーションにもつながります。
ただ、状況によって、意味を理解しないままでも、すぐにやるべき仕事があります。
説明を受けても複雑で頭に入らないことがあります。
そんなとき、いちいち立ち止まっていては仕事が前に進まないのです。
Time is Money.
新入社員時代に迷惑をかけた先輩方の顔が目に浮かびました。

何かわからないけど、やっていくうちに霧が晴れるように物事がつながって見えてくるときがあります。

「ああ、なんだ。そういうことだったのか！」やっと理解できた瞬間を味わうのも楽しいものです。

アドバイスは素直に受け入れ、即実行したほうが物事が好転します。

可愛げのある人が伸びる女（ひと）なのです。

四の五の言わずにやってみる。やってみればわかるときがある

7

伸びる女は仕事を共有し
伸び悩む女は仕事を囲い込む

職場の定期的なミーティングで発言する機会があると思います。

チームメンバーが一人ひとり順番に仕事の進捗状況や課題を共有できる場があったとしても、限られた時間です。

誰かが長い時間を使ってしまうと、残り時間がわずか。

自分の番になったとき、時間を気にして最低限の報告しかしないで、肝心の提案事項やアイディアを言いそびれてしまわないようにしたいものです。

言いたいことが言える雰囲気、職場環境であることも大事ですよね。

発言を否定されたり、みなの前で批判される経験をするとどうでしょう？

次から誰が言うものかと思ってしまいます。

仕事の緊張感は大切ですが、恐怖を感じるような緊張感はマイナスに働きます。

せっかくのアイディアを伝えられず、職場の雰囲気は重たくなり、仕事の生産性は下がる……

悪い連鎖はどこかで断ち切りたいですね。

外銀時代、３つ上の先輩に秘密主義のＳさんがいました。

Sさんは部署では一番のベテランで脂が乗って仕事をしている感じでした。上司も彼女に期待して何ごとにも「Sさん」「Sさん」でしたから、ちょっぴりやきもちを焼いていたのも事実です。

憧れの先輩でしたが、一つだけ不満がありました。

Sさんは自分の仕事を私にも他の同僚にも絶対に渡さないというか、教えないのです。自分だけがこの仕事を知っているということに満足しているようでした。

ある日、Sさんの家族に不幸があり、1週間休まれることになりました。

困ったのは私たち全員です。

Sさんと電話やファックスでやり取りし、事なきをえましたが、どっと疲れました。

このときわかったのは、仕事は誰が何をやっているか共有していなくては、バックアップしたくてもすぐに対応できないということでした。

ですから、担当の仕事を部内で交替する提案をしました。

慣れた仕事を手放して新しい仕事を覚えるのも、時には新鮮でいいものです。お互いに、自分の仕事を教え合うことでコミュニケーションの場もできます。会話が生まれると、職場に活気が生まれます。

同じ仕事を、違う目で見るといろんな発見もあります。

なぜこの仕事をしているの？

「前任者から引き継いだから」

会社のポリシー（事務提要）に沿ってやっているの？

「そんなこと考えたこともない」

調べてみたら、やらなくてもよい仕事だったりします。

空いた時間で別な仕事ができてラッキーですよね。

普段気になっているものの、なかなか手がつけられない仕事ができますから。


Eメールで仕事をするようになった今の職場はシーンとしています。

他の人が電話で話す内容でその人の仕事が自然と伝わっていた時代とは違います。

だからこそ意識してチームメンバーで情報を共有する工夫が必要になってきました。

情報を隠す（ジョブ・プロテクション）と、結局自分の首を絞めることになりますから。

仕事を回すと、精度が上がる

8

伸びる女は失敗をきっかけに成長し
伸び悩む女は失敗しないよう努力する

大学の教壇に立つようになって4年目になります。

授業中に質問の時間を設けてもシーンとして手が挙がらない。

また15回の授業の回数を重ねても教壇の前にぽっかり空席ができることに疑問をもち「なぜ前に座ろうとしないのでしょうか」というアンケートをとってみました。

いくつかの理由のうちの一つにこれがありました。

「前に座ると先生から当てられる確率が上がります。当てられて答えられないと恥ずかしいからです」

答えを間違えることへの不安。失敗を恐れるあまり、行動しない大学生の傾向が見られました。

そんなに消極的な態度で、これから社会の荒波の中でやっていけるの？　という心配な気持ちと同時に、私が学生だったら後ろのほうに座るタイプなのだろうと思うのです。

立場が変われば、相手に求める態度が変わるのですね。

失敗しないと成功しない。

成功の反対は失敗ではなく、失敗を恐れるあまり、何も行動しないことだと思います。

社内の人であっても、部署が違えばお客様です。

外銀時代、部門の違うセクションヘッドにご迷惑をおかけしたことがあり、お詫びのEメールを打っていました。最初にお詫びのことばを入れ、今後のアクションについて反省文を書きかけたとき、何かの用事で、数分、席を離れました。

机に戻り、続きを書こうとしたら、なんと、メールが送信済みになっています。

焦りました。書きかけのメールを送るなんて、何という失礼！

さらに相手を怒らせてしまう！

急いで相手に電話を入れました。

「すみません！　途中で送信してしまいました」

「関下さん、あなたの想いは伝わりました。心配しなくていいですから」

続けて書くはずだった内容を電話で伝えたことで生の会話ができ、メールだけのやり取りよりも、かえって意思の疎通ができた気がしました。

お詫びのようなデリケートな内容は、メールだけではなく、電話も併用したほうがよいし、場合によっては会いに行くなど、生の声で会話をすること。

大切なメールは、内容を完成させた後、相手のメールアドレスを入れること。

この2つを自分の失敗から学びました。

痛い思いをすると、立ち直れないほど落ち込みます。

落ち込んでど～んと沈んだ状態を経験したほうがいいと思うのです。

とことん底辺まで落ち込んだところの景色を見ることになるでしょう。

そこからゆっくり這い上がっていく景色も楽しめます。

プールの底から一気に浮き上がると気持ちが悪くなります。

だから、ゆっくり、ゆっくり上昇するといいですよ。

一度這い上がる経験をすると、たくましくなります。

同じ失敗を繰り返さないようにすればいいのですから。

同じ失敗をして落ち込んだ人の気持ちに共感もできますよね。

失敗をおそれてびくびくするより、失敗したら「フフン」と笑い飛ばして、次なるステップにつなげていくことです。

失敗して凹まないと、決して高くジャンプできない

9

伸びる女は毎日工夫を重ね
伸び悩む女は日々の継続を苦にしない

仕事が毎日、楽しくてエキサイティングであっという間に一日が終わってしまう、という人は、本当にラッキーだと思います。

猛烈に忙しいけれども「エキサイティング」とは違ったり、一日中誰とも口をきかずパソコンに向かってひたすら入力していたり。

毎日同じような仕事の繰り返しで、うんざりしている人。

同じことをコツコツ、黙々とできる人。

実は「うんざりしている人」こそが伸びる女（ひと）です。

どんな仕事も誰かがやらなければいけません。

仕事の中には機械的な仕事、いわゆる同じことを日々繰り返す仕事があります。

この一見、単純な仕事をどのようにとらえるか。

ここで大きな差が生まれます。

外銀時代の同僚、Mさんのことをお話ししますね。

入社2年目で、与えられた仕事にも慣れてきたころでした。

送金システムはお客様の名前、送金先の銀行名・支店名・預金の種類・金額を黙々と入力する単純作業の日々。

仕事に飽きていないか質問したところ、「お金を無事に受け取ってホッとしたお客様の笑顔を想像してみると楽しいです」と答えました。

入力ミスで違う金額を送金してしまったとき、「申し訳ございません」と人一倍残念そうに報告した後、なぜミスが起こったか、ミスしないようにするにはどうするかについて考えているようでした。

さらに、国内海外送金のお金の流れ、資金が戻ってこなかった場合のリスクについてなど一歩進んだ視点で学び、仕事に取り組んでいました。ミスをしたときこそ、その後の処理をすることで学ぶことがたくさんあるのです。

こんなこともありました。

職場のみんなが参照する紙のファイルが分厚くなり、必要な会社情報を探すのに手間取っていたら、あるとき、アルファベットの見出しをつけて、社名順に並べ替えてありました。見やすいファイルになり、みな大助かりです。

誰からも指示されたわけではないのに、Mさんがやった仕事でした。

日々の創造力と気遣いで彼女は職場でも取引先にも信頼され、愛されました。

入社3年目を待たずして、Mさんは自分の希望する部署に異動していきました。

仕事は工夫しだいでおもしろくなります。

自分の周りをよく観察してみると、こうしたらもっと楽になるのに！　と思うことが見つかります。

工夫を重ねて「ありがとう！」ということばが返ってくれば、なおさらハッピー！

毎日、同じことの繰り返しの中にも失敗やミスが起こります。

これも工夫しだいでプラスに変えていくことは可能です。

大事なことは、考えながら、学習しながら仕事をすることだと思います。

知的好奇心を持つと、学びのスピードはロケット並になる

タイムマネジメント

Chapter 3

1

伸びる女は時間泥棒に狙われない
伸び悩む女は時間の波にさらわれる

好きなテレビドラマを観るとき、60分はあっという間に過ぎます。

「え？　もう終わり……？　1週間も待てないよ」連続ドラマを見た後で思います。

高校時代、つまらないと感じていた物理の時間、時計をチラチラ見ては、「ああ、まだあれから5分しか経ってないなんて信じられない」とがっかりしていました。

楽しいとあっという間で、楽しくないと永遠のように感じますね。同じ60分なのに不思議です。

嫌だなと思うと、長い時間拘束されてつまらない。

だったら、楽しくできるように工夫すればいいのでは？

そう外銀時代の人事部の先輩から習いました。

仕事の後の家事がおっくう。

仕事をしているのは夫婦で同じなのに、夫はソファーに寝そべってテレビを見て笑っている。

全く！（怒り）。

せめて、食事の後片づけでも手伝ってほしいのに。

口にだすと気まずい雰囲気になるのはわかっているから我慢する……


そこでＹさんが当時やっていたのは、こんなことです。

エプロンのポケットにウォークマンを入れ、イヤホンをし、好きなロックの曲をガンガンかけてお皿を洗う。

時に口ずさみながら、時に踊りながら。

これはいいアイディアと思い、私もさっそく試してみました。

家事をするときは、大好きな音楽をＢＧＭにするようになりました。

お陰さまで、乾いた洗濯物をたたんでクローゼットにしまうこと、アイロンがけの苦痛から少しは抜け出すことができました。


毎日長い時間を過ごす職場も、工夫次第。

同じ時間を過ごすなら、

「あら？　今日はもう終わっちゃたの？　明日も楽しみ～」

「お先に失礼します」

「また明日」なんて笑顔で言えたら周りまで楽しさが伝わって人気者になりますから。

職場には、あの人嫌だな～と思う人がいるかもしれません。

ただ、そんな人がいたり、あの人素敵だわ～とファンになるような人がいたり、いろいろな人がいるからこそ、刺激的なんです。

人間ウォッチングをするといいですよ。

苦手な人はどこが嫌と感じるのか観察して、「反面教師」にすればいい。

素敵な人はどこに惹かれるのか観察して、そっくりマネすればいい。

私たちが直面することに無駄なこと、無駄な時間はないのです。

そこから何かを学習していけばいいのですから。

人生は一度きり。楽しんだ者勝ちです！

過去と他人は変えられないなら、今日これから自分が変わろう

2

伸びる女は自由になる時間を作りだし
伸び悩む女は時間を管理しようとする

時間は私たちにとって平等だからおもしろいですよね。誰にとっても一日24時間。時間をどう使うかによって生みだすものに違いができるような気がします。

仕事のしかた、すすめ方は、最初の勤務先の邦銀の経験が一生のベースになっています。当時、お客様から預かった通帳や約束手形などの重要物件は「テッコウ」と呼んでいた鉄の重たい箱に入れてありました。若手男性社員が銀行の大きな金庫から出し、融資課の課長のデスクの横に置く。退社前には必ず金庫にしまうということを毎日していました。テッコウの中には「翌日処理」という透明でボタンのついたビニール袋がありました。そこには翌日必ず処理しなければならないものが入れてありました。そのほかに「翌々日処理」の袋、そしてその他は、日付ごとにジャバラのファイルで管理していました。担当者が急に不在でも、当日「翌日処理」の袋を開ければ誰でもわかるように課長代理の検印が入った伝票と通帳などの書類一式。

そのまま事務方に回すだけで手続きが完了するように準備してありました。

明日、明後日に必ずやらなければならないことがチームで共有できていました。

突発的なことがいつ起こってもいいように、前もって準備できることはとことん準備しておく。そうすれば、仕事の優先順位が変わっても、ばたばたして大事なことを忘れる最悪の状態を避けることができます。

外銀で最初に入ったクレジットカード部門では、経理を5年ほど担当しました。

各部署から届く伝票を仕訳し、数字をシステムにインプットし、財務諸表を完成させる業務で、1か月単位で毎月同じころに同じようなことが起こります。

年間を通しても減価償却の時期、本社へ数字を報告する時期もほぼ決まっています。経験を積むごとに、借り方・貸し方の仕訳にも時間がかからなくなりました。

月末に〆て、月初は財務諸表を出し、勘定科目ごとに数字を見て、実際の支払い業務を行う。一連の流れを、いかに速く処理するかを自分の中で競っていました。

「今月の自分」は「先月の自分」より速く、正確に処理できたか？　よし、できた！

すると短時間でやるべきことが完了できるようになり、自由な時間を仕事中確保できるようになりました。そうすれば古い伝票の整理や、マニュアル作りなどの手つかずの仕事にも手をつけられます。

そんなある日、上司Fさんが担当していた本社ニューヨークへのレポートの仕事をポンと渡されました。全部英語で書かれた書類でした。

「はい。これやっといてね。締切日は〇〇だから」

英語ができない私にはかなりのプレッシャーでしたが、レベルの高い仕事を任されたことが嬉しくて弱音は吐けません。空いている部屋にこもり英和辞書を引きながら、大変な時間をかけて最初の仕事を完成させました。

Fさんが昨年まで作成したレポートの数字を見ながら、私の理解が合っているかを確認するという忍耐力がいる仕事でした。ジグソーパズルのピースを一つひとつ埋めるような作業でした。

レポートが完成した瞬間の達成感と、Fさんが数字をチェックして、そのまま私のサインで本社へレポートを送ったときの責任感の重み。今もありありと思い出します。

自由な時間を生みだして、余裕をもつと、新しい自分になれるおもしろい仕事が舞い込んでくるかもしれませんね。

自由な時間を獲得すると、次のレベルの仕事がやってくる

3

伸びる女は他人の時間を大切にし
伸び悩む女は自分の時間を大切にする

今のような携帯電話・スマホがなく、10代、20代を過ごした私たちの世代は、友達との連絡は自宅の電話と手紙やはがき。それが不自由とは感じませんでした。

約束の場所ですれ違うハプニングもなく、待ち合わせの喫茶店に早目に行ってゆっくり文庫本など読んでいたような青春時代でした。

高校1年生のとき、友人と映画「グリース」を見る約束をしました。映画館のあるアーケード街入り口に12時。

なのに私は、15分も遅れてしまいました。

市電の窓から、友人が不安そうな面持ちで待っている様子を見たとき、申し訳ない気持ちがさらに高まり、なんて謝ったらいいのかで頭が一杯でした。

映画を楽しみたい気持ちが一気に萎みました。彼女の気分を害したのではないかと気になってしかたがなかったのです。

古い映画ですが、この映画の題名や音楽を聞くと、「待たせて申し訳なかった」という気持ちが今でもよみがえります。

私は、この経験から人を待たせるより、人を待つ側になったほうが100倍マシと思いました。

気の張る打ち合わせや会議、自分が講師で登壇する研修の日。

「電車が遅れたせいで遅れました」なんて言えません。

普段より90分早く自宅を出ます。

前の日、近くに宿泊してでも当日に備えます。

そうしないと何が起こるかわからないから不安なのです。

90分早く自宅を出るということは、90分早く起きるということ。

その前の日から「練習」するので家族から笑われています。


仕事は時間厳守。出勤も会議もそうです。

開始時間ぎりぎりに会場に入るのはＮＧですよね。

時間にゆとりをもって、揃った人と雑談を交わすゆとりの時間がほしいものです。ゆとりの時間が会話を生み、そこが人間関係のきっかけになりますから。

ネットワーク作りの最初の一歩になる「遊び」の時間。これが意外と大事なんです。


企業を訪問して打ち合わせするとき、どのくらい早目に行けばよいかも、悩むところです。

美しく、きちんとした格好でお会いするため、訪問直前にお化粧室に行く時間も想定して早目に現地に到着しておきましょう。

口紅をゆっくり塗ることで、気持ちに余裕もてます。

鏡に向かって、勝負顔をキメることもできます。

ただ、受付にあまり早く行くとかえって迷惑です。

午後2時に約束したら、2時ジャストに受付に行くことをお勧めします。

2時より早く行くと、相手は2時に予定していますから、応接室が整っていないかもしれません。やる気を見せたくて予定より早めに行く気持ちはわかるのですが、早目に来られると、こちらの準備ができていなくて、かえって迷惑した経験があります。

他人の時間を大事にする……　いつも相手の立場になって行動をすることが大切です。

自分の時間より他人の時間を大事にする

4

伸びる女はヒマをもてあまし
伸び悩む女は日々忙しい

本当はかなり忙しいはずなのに、いつも涼しい笑顔で仕事をしていたKさん。外銀の人事で同僚だった彼女はアメリカ人。4人の子を持つ母でもありました。

いつ仕事の相談に行っても、温かい笑顔で向き合ってくれました。

もちろん、行くときは内線電話で「〇〇について相談したいのですが、10分ほどお時間をいただけますか?」とアポをとります。

普段、仕事の話をするため誰かのデスクへ行くと、超多忙な彼らですから、パソコンの画面を眺めたまま、返事をする人もいましたが、Kさんは必ず私のほうに向きを変えてパソコンから離れて目を合わせて会話をしてくれました。

ダイバーシティ（多様性）の専門家として社員研修のプログラムを作っていた彼女は、その仕事にふさわしい態度で、どんな立場の人とも分け隔てなく、丁寧な対応をしていました。

主婦業も忙しいはずなのに、服装もネイルにも気を配り、身体全体から素敵なオーラが漂うKさんを私はお手本にしていました。

仕事で息が詰まると、決まって「ちょっとフレッシュエアに触れてくるわ」とコーヒーを買いに席を外していました。ニューヨーク出身の彼女はモデルもしたことのある美しさです。日本人より日本的な謙虚さも持ち合わせ、趣味は書道。クールビューティとは彼女のような人なのでしょうね。

こんなステキな女性たちの例を周囲にたくさん持ちながらも、私は「ああ忙しい！　どうしょう！」とパニックに陥ることもしばしば。そんなとき、プロフェッショナルコーチで活躍するNさんに助けられました。

5年前のことです。

Nさんはこんな質問をしてくれました。

「今、いろいろ抱えている中で最も優先順位が高いのは？」

Aと答えると、Nさんは、

「ではB、C、D、Eは近くにある蓋つき箱、壺、なんでもいいからその中に一時的にしまっておきましょう。今、Aだけに集中してみたらどお？」

これは実に有効な解決方法でした。

私は目についた床の上の花瓶に案件を入れる動作（フリ）をしました。

何かで蓋をして、「後で取り出すから、ここで待っててね」と口に出しました。

私はすっきりし、限られた時間、Aに集中することができました。

仕事と家の中のあれこれ……　100%完璧にこなすなんてできませんよね。

その都度、どれがあなたにとって重要で優先順位が高いのか。

この選択さえ押さえておけば、重要でないことは、そのうち消えてなくなる可能性もあります。

別な人に頼んでやってもらうとか。その選択肢も考えてみる価値もありますよね。

頼んだら悪いからと遠慮してしまう。だけど勇気を出して人に頼んでみたら、喜ばれる可能性だってあります。

「忙しい」の代わりに、「私は活躍しているのだ。人から必要とされているのね。うふふ」と思えたら嬉しくなれそうです。

一緒に「うふふ」と笑ってみませんか？

後は蓋をしておけば、いいんです。

日々忙しいと眉間にしわを寄せなければ、幸せが寄ってくる

5

伸びる女は仕事とプライベートをキッチリ分けず

伸び悩む女は5時からの顔を変える

中学1年生のころ、「将来は学校の先生になって英語を教えたい」とつぶやいたら、明治生まれで、戦前は小学校の教師をしていた祖母の一言。

「あんたみたいに、小さいことにくよくよする性格は教師には向いとらんばい」……

戦後、銀行員になった祖母の時代は、一日の支店の集計（帳簿の収支と現金の残高）が合えば仕事は終わり。主計（集計）担当だった彼女は、はい！　今日の仕事終わり。仕事とプライベートをキッチリ分けていたのでしょう。


仕事で公私混同はよくないと言われます。

ただ、スマホの普及のせいでしょうか、今や、公私の区別をどこで引いたらいいのか、何が公（パブリック）でどこからが私（プライベート）なのかもわからなくなってきました。

会社から自宅へ戻っても、自宅のパソコンやスマホで会社のメールが読めるように設定すれば、仕事はエンドレス……。自分で時間を管理していく時代になりました。

インターネットの普及で世界中の人たちといつでも簡単につながることができる今、会社に行かなくても自宅で仕事ができる未来はそう遠くないかもしれません。

スカイプで会議をする。

情報の共有はオンラインでする。

必要なときだけ会社へ行く。

そうすれば通勤ラッシュの苦痛からも解放されますね。

仕事のアイディアや問題解決のヒントがほしいときがあります。

気になって仕方がない課題の解決方法を探すときって、なぜか会社以外の場所で思いつきませんか？

たとえば、シャンプーを洗い流しているバスタイムの最中、スポーツジムのサウナで一緒になった常連さん達の会話、テレビドラマで女優が語る何気ない一言、通勤電車の中で読んだ本の中、つり革広告の文字、フェイスブックの友達がアップした記事……

ほしい情報が手に入ったときの、何かが開けた感じの嬉しさ！

これは「課題」をいつも意識しているからこそ、ひっかかる解決方法だと思うのです。

会社を定時に出て、仕事のことから100パーセント離れたとしたら、ほしい情報は素通りしてしまいますよね。

シティバンク時代の最後の上司は3つほど年下の女性でした。

彼女の勉強熱心さは私を刺激しました。

流暢な英語はＮＨＫのラジオやテキストから学んだそうです。

留学経験がない彼女が帰国子女のように英語で仕事をする姿は、私を奮い立たせました。

仕事関係の知識、業界の最新の情報、読書やセミナー参加など、常に学ぶ姿勢がありました。

仕事の時間以外に学ぶ時間を確保していたことを隠すところにも美学を感じました。

仕事の姿勢とは学びの姿勢に通じますね。

新しいことを学ぶ楽しさにこれからもワクワクしたい！

何かを始めるのに年齢は関係ありません。

心のどこかを常にオンタイムにするとチャンスがやってくる

こころの整理

Chapter 4

1

伸びる女は変化を好み
伸び悩む女は安定を好む

12月のハワイ（ワイキキ）に行ったとき、サンタさんが素足でビーチサンダルをはいていました。

ハワイにはホワイトクリスマスはないんだなーと改めて気がつきました。

私たちが住む日本は春夏秋冬がわかりやすいです。

季節が変わる瞬間を日が沈む時間、日差しや風、花や風景を通して五感で感じます。

こうしたメリハリがあることで、季節に気持ちを合わせることができますね。

4月にはフレッシュな新人をみて自分自身も初心に戻るような……

それはとてもいいメンタリティだと思うのです。

春や新年、「新期」と呼ばれる時期に、慣れ親しんだ仕事から離されることがあります。

プロジェクトメンバーに指名される。

人事異動で新しい仕事（部署）に変わる。

昇進して一つ上のレベルの仕事になる。

新しい仕事が与えられるとき、どんな反応をしますか？

自ら希望してそういう状況に置かれても、希望していないのにそういう状況に置かれても、いつもこの2つが同居します。

「私にできるかな？　どうしよう！　怖い……」

「ま、できるかどうか、やってみないとわからないし、とりあえずやってみようか！」

未知なものにおびえる「ビビリ」な部分と、新しいことに「おもしろいかも」と前向きになれる部分の両方があります。

誰もがそうかもしれませんが、私も「安定」したいタイプです。

仕事の環境も、気持ちも、できれば常に落ち着いていたいのです。

だから、変化の波がやってくると不安になります。

いま、安定した状態でも、そこがお気に入りの場所であっても、残念ながら状況は変化していきます。季節に関係ないことも多々あります。

新しい上司が来る、同僚が退職していく、会社の都合で組織が変わる。

プライベートでも、年齢を重ねるごとに自分とパートナーの体調が変わる、子どもが大人になっていく、親が老いていく、辛い別れがある。

先のことをあれこれと心配して不安に襲われるときがあります。

将来に備えて心の準備をしておくことは大事だと思います。

だけど、あまり心配し過ぎると、目の前の日常が楽しくなくなってしまいます。


安定を求めながら、同時に変化も楽しんじゃいましょう。

不安定になることも「刺激」と思えば、楽しめます。

何が起こっても石のように動じない。周りの変化にただオロオロするより、環境に応じて舞台女優のごとく自分の姿・形を変えて、即興芝居……

自分の人生の主役は自分です。

「今日、たった今、この瞬間の自分が一番若い」

一瞬一瞬を大切にしていきたいですね。

転機は舞台。人生の晴れ舞台の、主演女優はあなたです

2

伸びる女は自分を変え
伸び悩む女は他人を変えようとする

変化に対応していくには、しぶとく生き残っていくには、女優のように、自分の形を変えていかないと……


そうはいっても、理想と現実にはギャップがつきもの。

自分と違う価値観の人がいると、ショックを受けたり怒りを覚えたり。

何かを強制させられたとき、納得できなくて反発し、孤立したことがあります。


最初に勤めた邦銀は、バレーボールに力を入れていました。

仕事の後、体育館での練習が待っていたのです。

高校まで全くそうした部活動をしていなかった私は、まるで体育会系のノリに違和感をもちました。

「仕事で残業するのはかまいませんが、バレーボールの練習には行きたくありません」

と上司に言いに行きました。

応接室に呼ばれ、上司は怒って言いました。

「バレーボールも仕事なんや！」

今ならわかります。

部内を越えて社員の結束力が強いなら、支店全体の仕事の生産性にプラスに働くでしょう。

他の同期はおとなしく球拾いをしてバレーボールの練習に参加していました。

反抗した私の言動は支店のみなに知れ渡り、生意気な新人の誕生です。

ＯＪＴの先輩はバレー部のキャプテン。生意気な新人に口をきいてくれなくなりました。

自分に相談せず、上司に言いに行ったことに腹を立てたようです。

モヤモヤしました。

仕事の後はプライベートなはず……。バレーボールを強制されるのはおかしい。

かといって、仕事がしづらくなるのは困りました。

ここで考えを切り替えることにしました。

「運動するから体力がついていい」

「ダイエットできたら制服のサイズを変えられる」

「他の銀行と試合のとき、素敵な出会いがあるかも」

練習のかいあって、支店対抗で勝ち残り、東京で決勝戦。ついに優勝です。

他の同期は白いスコート姿のチアガール。私はみんなの財布を預かる貴重品係。優勝の祝賀パーティで、キャプテンの先輩が「優勝できたのは、球拾いをしてくれた新人たちのお陰」と挨拶したとき、涙がこぼれました。

外資系で働くようになって、外国人の上司がホームパーティーで社員を自宅に招くことがよくありました。

私は、休日であっても、「これも仕事のうち」と割り切り、皆でワイワイすることに違和感はありませんでした。

外国の珍しい料理を前に、みなと一緒にコミュニケーションをとる努力を自然にしていました。

これも「理不尽」と感じたバレーボールのお陰かもしれません。

理不尽で納得いかなくても、黙って従うといいこともある

3

伸びる女は柔らかに風を受け
伸び悩む女は譲れない砦をもつ

邦銀に就職して仕事に慣れてきたと感じていたころ、先輩Iさんからこう言われました。

「あんたは、頑固ね～。結局自分のやりたいようにやるんだよね」

ベテランで尊敬していたけれど、怖い存在のIさんのほうがよほど頑固じゃないかと思っていたので、こう言われても何のことやらピンときませんでした。

やがて外資系銀行に転職しても、上司や先輩から「頑固」と言われることがあり、やっぱり私は人から見たら頑固なんだなとわかりました。

肥後もっこすですから、ある意味当然かもしれません。


外資系銀行時代、上司がプライベートを社内に持ち込み、私たち部下は上司の個室に入ることすらままならずに、往生したことがありました。

そのため「私は仕事を前に進めにくい状況に、このように困っています」と具体的に意見したところ、上司の怒りを買い、険悪な人間関係になったことがありました。

言わないほうがよかったのでは？　と同僚が心配しました。

言い方にも問題があったのかもしれません。

仕事も思うように任されなくなりました。

結果的には自分と部署の今後あるべき姿の提案をしたことで、上司の上司にまでそのことが伝わり、物事がいいほうに動いていきましたが、上司の上司に理解してもらえなかったら、その後どうなっていたかわかりません。我ながら冷や汗ものです。

長いものに巻かれざるを得ないときもあります。

腹に据えかねることもグッと我慢して、ポーカーフェイスで乗り越えるのも、世の中を渡っていく手段だと思います。

生き残っていくには、自分を変えなければ生きていけない場面もあるからです。

そんなときは、相手に合わせたふりをすること。

心の中は自分の信じるものを大切にすること。

物事を前に進めるとき、いちいちひっかかって反論していたら、効率が悪いですから。

そうはいっても、自分の考えをしっかり持っていないと、周りに振り回され、へとへとに疲れちゃいます。

「自分の考えが通る状況に変わるときが、いつかやってくる」

そう信じていればいいのだと思います。

頑固な人ってどんな人でしょうか？

- 自分の考えを変えない
- 頭が固い（石頭）
- 融通がきかない……

一方で、こんなふうにも言えます。

- 信念を持っている
- 一本筋が通っている
- 考えがぶれない

「和して同ぜず」のことば通り。

チームの和（ハーモニー）は大事ですが、あなたの意見は自分の中に大切にとっておく。

しなやかな柳は、強い風にも折れません。そんな女（ひと）になってください。

腹に据えかねるときも思い通りにならないときも、しなやかに

4

伸びる女はひとの世話でダンドリを学び
伸び悩む女はひとの世話を言い訳にする

郵便はがき

恐れ入りますが
切手を貼って
お出しください

112-0005

東京都文京区水道 2-11-5

明日香出版社

プレゼント係行

感想を送っていただいた方の中から
毎月抽選で 10 名様に図書カード（500 円分）をプレゼント！

ふりがな お名前	
ご住所	郵便番号（　　　　　）電話（　　　　　） 都道 府県
メールアドレス	

＊ ご記入いただいた個人情報は厳重に管理し、弊社からのご案内や商品の発送以外の目的で使うことはありません。
＊ 弊社 WEB サイトからもご意見、ご感想の書き込みが可能です。

明日香出版社ホームページ　http://www.asuka-g.co.jp

ご愛読ありがとうございます。
今後の参考にさせていただきますので、ぜひご意見をお聞かせください。

本書の
タイトル

年齢：　　歳	性別：男・女	ご職業：	月頃購入

● 何でこの本のことを知りましたか？
① 書店　② コンビニ　③ WEB　④ 新聞広告　⑤ その他
(具体的には →　　　　　　　　　　　　　　　　)

● どこでこの本を購入しましたか？
① 書店　② ネット　③ コンビニ　④ その他
(具体的なお店 →　　　　　　　　　　　　　　　　)

● 感想をお聞かせください

① 価格	高い・ふつう・安い
② 著者	悪い・ふつう・良い
③ レイアウト	悪い・ふつう・良い
④ タイトル	悪い・ふつう・良い
⑤ カバー	悪い・ふつう・良い
⑥ 総評	悪い・ふつう・良い

● 購入の決め手は何ですか？

● 実際に読んでみていかがでしたか？（良いところ、不満な点）

● その他（解決したい悩み、出版してほしいテーマ、ご意見など）

● ご意見、ご感想を弊社ホームページなどで紹介しても良いですか？
① 名前を出して良い　② イニシャルなら良い　③ 出さないでほしい

ご協力ありがとうございました。

外資系銀行の人事部で働きながら、大学院に通っていたころのことです。人事部長も直属の上司も、先輩も同僚も応援してくれて、最初の1年は、みなさんのサポートのお陰で順調に単位をとれ、後は論文を書くだけになっていたとき……リーマンショックが起こりました。

理解のある上司、先輩が去っていきました。

そして義父が急に倒れ、家族が混乱に陥りました。

新しい上司の仕事の進め方は、前の上司とは真逆で、すぐには馴染めませんでした。

大学院は修士論文の中間発表を終え、論文を書く時期に来ていました。

義父の病院に通いながら、こんどは義母のケアも必要になってきました。

仕事、大学院、介護の3つのプレッシャーが襲ってきたのです。

全部を完璧にこなそうとして頑張っていたら、やがて思考がピタッと止まりました。

3つのどれも手につかなくなり、頭が真っ白……

何も考えられなくなり、何をする元気もなくなりました。こんなことは初めてでした。

会社の保健室へ行き、産業医に相談しました。

「3つを、それぞれ60％でよしとしてみたら？」とアドバイスをもらいました。

頭では（そうか、60％でやってみよう）と思っていても、仕事はそうはいきません。

ずいぶんと悩んだ末、優先順位をつけて介護休暇をとることにしました。

上司も理解してくれ、仕事の引継書を作って休みをとらせてもらいました。


3か月の休暇の間に、ようやく自分の立場や役割について受け入れ、自分の周りの環境も落ち着き、気持ちが安定したような気がします。

介護の現状を知ったおかげで、今まで知らなかった現実を見聞きし、今思えば貴重な体験をさせていただいたと思っています。


私には子どもがいないので、子育てと仕事の両立については想像するしかありませんが、大変さの度合いもさまざま、どれも大切で選ぶことが難しいものだと思います。

しかし介護や育児が、女性のほうばかりに期待されるのもプレッシャーですね……

仕事に対していつもモチベーションを高く保つことは難しいものです。

仕事以外の事情がどっと押し寄せたとき、どうするか？

何でも話せる上司との人間関係、同僚とのいい関係を作っておくことが大事だと思うのです。

困ったときは、お互い様です。

誰もが守るべき、大切なものを抱えています。

普段から、何でも話せる人、信頼できる相談相手を複数もっておくことが大事です。一人だけだと、その人がいないときは困ります。一人の考えだと偏ってしまうリスクもありますね。

こちらが信頼できる人と付き合うことは、自分が信頼される人であるということも大事。

結局、普段の仕事ぶりで信頼を得ておく、人間関係をよくしておく気遣いが不可欠なのですね。

あなたが今守るべき、一番大切なものは何でしょう

5

伸びる女は問題をときほぐし
伸び悩む女は問題をからませる

おそらく性別は関係ないのだろうと思いつつ、自分が女であるから女性特有のものだろうな……　と思うことに「嫉妬」があります。

両方の漢字に女という字が入るのは気に入りませんが。

「うっとうしい女になるな」と、お隣の営業部の渋くて女子行員に人気だったF課長が言っていました。20代のことです。

Fさんに嫌われたくなかったので、「うっとうしい女」とはどのようなひとなのか……私はうっとうしい女なのかもしれないと自分の言動を振り返っては、どうしてよいのかわからない！　と混乱したものでした。

仕事ができる人の私生活に口をはさみ、足をひっぱるようなことを口にする先輩を見ては、うっとうしいとはこのことか？　と思いました。

うっとうしいと感じることは、人によってさまざまですよね。

Fさんにとってうっとうしい女とはどのような人を指すのですか？　と聞けたら聞いたほうがよかったのかもしれません。

職場は仕事をするところですが、職場恋愛の可能性が高い場所でもあります。

一人の男性を複数の女性が好きになるケースもありました。

自分が選ばれなかったことで選ばれた女性に嫉妬の気持ちをもつことも人間として自然なことだと思います。でも嫉妬の気持ちを仕事にもち込むと、マイナスの考えがからまって、純粋に仕事に向き合えなくなってしまいます。

問題がからまっては解きほぐすのが大変！

ここは大人になって縁がなかったと、まっさらな気持ちになり男性の幸せを祈ったほうが、女っぷりが上がって素敵ですね。


数年前、ノートパソコンの調子が悪く、うまく動きません。

仕事で撮影したデータをパソコンに取り込んで修正する必要がありました。なのに、画像の取り込みが途中でストップしてしまうのです。

私は、仕事のパートナーの紹介で、都内の大学生に会いに行きました。

前もってメールで事情を説明し、出かけて行くと……魔法のような手さばきで数分で問題が解決できました。

きょとんとしている私の前で、彼は言いました。

「僕は、何か問題にぶつかったら、すべて白紙に戻し、最初から考えてみます」


問題にぶつかると、まず気持ちが焦ったり沈んだりします。

そこから「困ったな～どうしよう」とぐずぐずと同じ場所にとどまり、時間だけが過ぎていく傾向にあります。

「まず、白紙に戻して考える」これが大事なのだと、うんと年下の人から習いました。

人間関係にも同じことが言えますね。

何か嫌なことがあって、お互いの関係にわだかまりができることがあります。

人間関係がこじれる前に、すべてを白紙に戻す勇気。

そして何が起こったのか検証してみると、解決の糸口が見つかるかもしれません。

問題がからまると、精神衛生上よくありませんからね。

問題にぶつかったら、一度白紙に戻してみよう

6

伸びる女は感謝を次に送り
伸び悩む女は感謝の心を大切にする

久しぶりに友人とランチをしたとき、最近感動したでき事を話してくれました。

一緒に住んでいる彼女のお母さんは最近、記憶が飛んでしまうことが増えたそうです。ある日、仕事中の彼女にお父さんから日中連絡があり、「お母さんがいなくなった……」黙って外出したまま戻らないそうです。

警察にも連絡して捜索しても見つからず、夜になりました。すべって川に落ちたかもしれないと途方にくれたとき、1本の電話が入りました。お母さんは無事に保護され自宅に戻ったそうです。

真っ暗な山道の隅っこにうずくまっていたお母さんに声をかけたのは、車で通りがかったAさん19歳。大丈夫ですか？　と声をかけ、電話番号を聞きだし、友人の自宅を調べて家までお母さんを送り届けてくれました。

Aさんはすぐに帰ろうとしたので、友人が名前を聞いたところ、「当然のことをしただけですから……」と名前を名乗らない。

それではこちらの気が済まないからと、ようやく聞きだしたところ、大好きなおばあさんを亡くした後で、介護施設で仕事を始めたばかりのAさんだったそうです。

Ａさんの普段の仕事ぶりが目に見えるようです。

おばあちゃんへの愛情、そんなおばあちゃんを優しくケアしてくれた方々への感謝の気持ち、お年寄りを敬う心、仕事への真摯な姿勢が、こんなとっさの場面に現れたのではないでしょうか？

私がＡさんだったらどんな態度をとるだろうかと思いました。

警察を呼ぶ。近所に助けを求める。あるいは見て見ぬふりをして自分の用事を優先させたかもしれません。

Ａさんは仕事で覚えたとおりに相手の恐怖心を取り除くように声をかけ、電話番号を聞き出すことに成功し、自宅まで自分の車で送り届け、家族に手渡した……

19才の彼女が名前も名乗らず、実際にとった行動に感動して涙が出ます。

見返りを求めない行動というのは案外難しいものです。

「あのとき、あれをしてやったのに……　どうして？」

相手に見返りを求めると、自分が善意でした行動に、後で自分が苦しめられてしまいますね。

自分がした善意に見返りは求めない。

だけど、自分が受けた善意には感謝の気持ちを忘れない。

誰かに親切にしてもらったら、その人に感謝して、いつかこちらから親切にする機会を作ってお返しするというのも大事なことだと思います。

ただ、お返しの親切をするのはタイミングに気をつけたいものです。

「いただいたから返さなくちゃ」という気持ちはどこか事務的で負けず嫌いな感情が出てしまい、相手を不快にさせるかもしれません。

自分が受けて嬉しかった善意（親切）を、他の誰かにしてみるというのもいいですね。

嬉しいことの連鎖が広がっていけば、人間関係がほっこりと温まりませんか？

大事なのは、感謝したでき事を、しっかり記憶にとどめて行動することだと思うのです。

感謝の気持ちは行動で順送りしていこう

Chapter 5

コミュニケーション

伸びる女は1日3回笑う
伸び悩む女は真剣に努力する

人が楽しそうにコロコロと笑っている姿っていいですよね。こちらまで心楽しい気分にさせてくれます。

笑い方にもいろいろな表情があります。

皮肉っぽい、意地悪そうな笑いは、相手を不安で暗い気持ちにさせます。

鏡で確認するのはちょっと恥ずかしいですが、自分の口角をどのくらい上げたらチャーミングに見えるのか、研究してもいいと思います。

第一印象って秒の単位で決まりますから、ものすごく大事です。

鏡を見なくても、手元のスマホで自分の笑顔の写真を撮ってみるのもテですよね。

便利な時代になりました。

メールの文章に顔文字の笑顔をつけると、メッセージそのものが柔らかく、明るく相手に届くのも事実です。

笑顔というのは、相手に対して心を開く合図なんですね。

たとえことばが通じない相手とも、笑顔があれば、心が通じ合います。

なんて素敵なことでしょうか。


外資系銀行勤務時代に「笑うのが損」のような女性がいました。

私の2か月後に中途入社をしてきた同僚、25歳のIさん。

前の仕事は楽器を作る有名なメーカーで経理を担当していたそうです。

有名大学を卒業した彼女と高卒の私。東京出身の彼女と熊本出身の私。

いろんな面で対照的だった私に、Iさんはぶっきらぼうな態度でした。


Iさんのようなタイプのひとと一緒に働くのは初めてでした。

朝、「おはようございます」と声をかけても、ブスっとしています。

たった2か月とはいえ先輩として仕事を伝えなければならない場面、彼女の眉間にしわが寄った不機嫌な表情は私を緊張させました。

そのうち私は会社に行くのが嫌になりました。

Iさんとの人間関係がうまくいかないことでだんだんと気が重くなっていきました。

「なぜ、Iさんはそんな冷たい態度をとるんだろう?」

あるとき、キャンティーン（休憩室のことをこう呼んでいました）で、Iさんは私に言い放ちました。

「関下さんと話すと、主婦と話してるみたい！」

ショックでした。

私が醸し出す雰囲気、態度、ことばに彼女はイライラしていたのです。

職場でわかり合えない仲間が存在することを初めて経験しました。

その後、希望が通って別の部署に異動になったとき、Iさんから思いがけないメッセージカードをもらいました。

そこには「Take it Easy」と書いてありました。

彼女から見たら、私のほうが眉間にしわを寄せていたのかもしれません。

新しい部署で頑張ってと直接言わないで、わざわざ手書きでカードを書いてくれた彼女。

はじめて意志の疎通ができた瞬間でした。

笑顔は、ことばより強力なコミュニケーション

2

伸びる女は想像の翼を広げて鳥の目を持ち
伸び悩む女は半径5メートルを見る

外銀人事部で社内講師にデビューしたばかりのころ、居眠りをする人が気になってしかたがありませんでした。

「なんて失礼な。人が一生けん命話しているのに眠るなんて！」

社内研修ですから、知っている社員だとなおさらカチンと来ました。

あるとき、寝ているWさんの近くに立ってしゃべってみましたが、あまり効果はありません。

自分の退屈な講義を棚に上げて、聞き手の態度にいちいち頭に来ていたのです。

ふと、Wさんが小さな子どもを抱えていることを思い出しました。

育児と家事と仕事で疲れているのね……　と優しい気持ちになって彼女を見たとき

「ゆっくり寝ててもいいよ」と思えたのです。

それ以降、居眠り社員が気になってしかたがない病から脱出することができました。

それより、いかにおもしろく、飽きのこない時間帯、学びの時間にするか……　こちらを研究していったほうが、精神衛生上よかったのです。

プライベートでリラックスするときも、想像の翼があるとおもしろいものです。

自分を解放できる場所の一つに「野球場」があります。

贔屓のチームを応援するのももちろん好きですが、ほかにもたくさんの楽しみ方があります。

親子連れのファンを見るのが好きです。ちびっこがグローブを持ってボールを追いかける姿を母親が見守っています。野球好きのお母さんが連れてきたのでしょうか？　子どもが父親の影響で野球が好きになり、球場に連れて行ってと母親に頼んだのでしょうか？

ファンが固まって飛んだり、風船をふくらませたり、立ち上がって同じことばを叫んだり、選手と同じ背番号のユニフォームを着ているのを見るのも好きです。なぜあの選手のことが好きなのか、インタビューしたくなってきます。そして同じチームを応援するファンは初対面なのに点が入るとなぜわざわざ立ち上がってハイタッチしちゃうんだろう？　恥ずかしい気持ちより嬉しさを表現したい気持ちが勝つのかな？

監督を見ても考えます。選手・コーチのときはあんなにカッコよかったのに、監督になるとなぜ太っちゃうんだろう？　運動不足？　それともストレス？

バッターボックスに立ったあの選手は昨年まで相手チームの選手だったのに、今、古巣の相手に対してどんな気持ちなんだろう？　裏切って申し訳ない？　反骨精神？

一塁と三塁のベースコーチのしぐさ（サイン）も、見ていてとてもユニークでおもしろいです。サインを相手チームから盗まれないようにするのも、覚えるほうも大変だなー。バッターボックスに立つ選手の応援歌が流れるとき、その選手のイメージとかけ離れていると笑えたりして。とにかく見るもの全てがおもしろくて、飽きることがないのです。

仕事でもプライベートでも、人をちょっと離れた視点で観察すると、自分の気持ちに余裕ができます。鳥の目になって自分自身を第三者的に見つめてみてもいいですね。

「おっと今、私ってそんな状態なんだ。だったらこうしてみたら？」と自分に声をかけるのも冷静さを取り戻すテかもしれません。

想像の翼や目には、お金がかかりません。いつでも自由にできます。そう！　心はだれにも邪魔されない自由があるのです。お昼休みに深呼吸しながらやってみませんか？

想像の翼を伸ばせば、誰とでも対立せずやっていける

3

伸びる女はトイレの神様の前で泣き
伸び悩む女は泣かないと決めている

職場で泣きたくなることってありますよね。

そんなとき、どうしていますか？


新人でもないのに、会社で涙が止まらず困ったことがあります。

外銀で仕事をしていた、30代の後半のころでした。

同じ部の別の部署に、頼りにしていた先輩Yさんがいました。

ある日、彼女のオフィスに呼ばれました。部屋には本社ニューヨークから来ていた偉い人が同席していました。


いきなりYさんから仕事への苦情を言われ、驚きました。Yさんにできるだけの説明をしましたが、わかってもらえずショックを受けた私は、自分のオフィスに戻ったとたん、涙が後から後から流れて止まらなくなりました。トイレに駆け込み、泣き腫らしていました。


いつもなら気持ちの切り替えができて、仕事に戻るはずの自分が戻れない。翌日から会社に行くのさえも怖くなりました。

「いけない。こんなことでは仕事に支障が出てしまう」

私はこのときも保健室に行き、産業医と話をしました。

「それはね、ミドルエイジクライシスです。心配しなくていい」

と言われて、（そんな中年なんて歳じゃないし……）と茫然としていると
「今までに、逆境で落ち込んだことがありますか？」と聞かれました。

「は、はい。それは何度も……」

「落ち込んで這い上がってきた経験があるあなたなら、今回も克服できます。大丈夫です」

穴に突き落とされたような感覚だったのが、先生のことばにホッとしました。


職場の仲間の前で泣くと、皆の雰囲気が固くなります。

周りに心配をかけます。

伸びる女は、周りに心配をかけずに、問題を解決するものです。

理想は、何があっても涼しい顔して仕事をやりとげたい！

だけどそこは人間です。

ショックなでき事、哀しいことが起こったときに感情を抑えるのは至難の業です。

ならば、泣きたいときには泣けばいいと思うのです。

そんなときは……トイレの神様が話を聞いてくれます。

落ち込んだ経験が、またあなたを強くしてくれます。


決して泣かないと決めて我慢していると、どこかに無理がきて仕事にも支障が出てくるように思います。

泣きたいときは、ワッと泣いて、すっきりして、仕事に戻ったらいい。

そのほうが人間らしい。

泣くことで感情を発散できるので、仕事に集中できます。

「今泣いたカラスがもう笑ろた」と笑われたほうがいいのです。

今泣いたカラスがもう笑ろた、でいきましょう

4

伸びる女はほめことばを受け入れ
伸び悩む女はことばの裏を考える

古典的名著といわれる、カーネギー著の『人を動かす』には、人は誰かに自分の存在価値を認めてほしい、ほめられたい、関心をもってほしいと書いてあります。

確かに、誰かにほめられると、くすぐったいけどうれしいですよね。

「今日のプレゼン、すごくよかったよ」

こんな一言をもらった日は、ほかの仕事も快調に飛ばせます。

「人を心からほめる」のは実際には難しいものです。

ただほめられる立場としては、いかんともしがたいところですから、「ほめられ上手」にぜひなりたいところです。

ほめてもらったら、勘ぐらずに笑顔で「ありがとうございます！」

そう返してくれる部下には、上司もいいところをしっかり見てやろうという気になってくれるでしょう。

シティバンクで、クレジットカード部門から銀行法人部門に移ったのは30代前半でした。

新しい部署にようやく慣れてきたころ、帰りの電車を待つ駅のホームで、以前の部署の上司Cさんにバッタリ会いました。

「新しい部署でがんばってるみたいだね。K部長がほめてたよ。

君はコストパフォーマンスがいいって」

新しい上司K部長とCさんはマージャン仲間。きっと四角いテーブルを囲んでの会話だったのでしょう。

（コストパフォーマンスって、どういうこと⁉）

ほめていたと言われても……　素直には喜べません。

私は電車の中で複雑な表情を浮かべていたと思います。

人よりお給料が安いからだ。経験値が浅いから仕方ないことよね。

でも……

お給料以上の仕事をしていると評価されることはいいことじゃない？

私ごときのことを前の部署の上司に話してくれた。ありがたいじゃないの！

と嬉しい気持ちになるまで、正直ちょっと時間がかかりました。

一方、外国人上司で、ほめるのが上手なAさんには、笑顔で返すことができていました。部下の仕事ぶりをほめる、そのタイミングが絶妙なんです。

チャレンジだった英語でのプレゼンを終えてまだドキドキがとれないでいたとき、後ろから肩をそっと叩かれました。

〝Masayo, good job !〟

笑顔で言われたとき、Aさんに「ついていこう」と思いました。

ほめられ上手は、ほめ上手にもなれます。

最初はなかなか、気の利いたことばなんてそう出てこないかもしれません。

だったら、「あ、いいな」「今日はちょっと機嫌よさそうだけど、何かあったのかな」なんて思ったときに、思ったとおりのことばをかけていけばいいと思います。

「なんか、幸せオーラが出てますけど。いいことありました？」

そんな一言で、日々の人間関係が改善できれば、いいことばかりです。

「ありがとうございます」と笑顔で返せるひとが愛される

5

伸びる女は男性と張り合わず

伸び悩む女は自立しようともがく

邦銀勤務時代は、男女雇用機会均等法ができたことも知らなかったと思います。

女子行員として、男性の補助的な仕事を当たり前のようにこなしていました。

そのことに何の疑問も持ちませんでした。

当時、熊本支店に四年生大学卒の女子社員はいませんでした。

いや、もしかしたら興味がなかったので知らないだけだったのかもしれません。

総合職は本社のエリートのお話で、どこか遠い世界の話のようでした。


ところが、平成元年に転職した外資系銀行は、全く違う世界でした。

仕事に男女の区別はナシ。

総合職と一般職の区別もナシ。

「黙っていると、それで満足してると思われるよ。主張したいことがあったら言うようにしないと」と最初の上司に言われたとき、怖さと嬉しさとを同時に感じました。

「言いたいことを言って本当にいいんですか？」

それまで、邦銀では、控え目にしているのが常識。

自分の常識がここでは通用しないことにカルチャーショックを受けたのです。

人は慣れ親しんだ環境から一歩踏み出すとき、さまざまな葛藤を呼び起こしますね。

リーマンショック（２００８年）が起きる直前のことでした。

わが社と日本の証券会社Ｎ社が合併をしました。

四大証券といわれ業界の一角を担うＮ社は、伝統的な日本の企業文化を持っていました。

男性社会が当たり前の証券会社の文化を「懐かしい」と感じたものです。

アメリカの企業と日本の企業が一緒になる瞬間を経験できたことは私にとってリアルなケーススタディになりました。

合併後、人事部門の担当者が初めて集まったときのことは忘れられません。

Ｎ社側は日本人男性ばかりの５人。こちらは日本人女性４人と男性１人（カナダ人）。

Ｎ社の人たちの表情や態度から、私たちのことを「女こども」と扱われたような気がしました。

異なる企業文化・風土を持った会社がいかにして一緒に仕事をしていくのか？

「お互いの会社のプライドがぶつかって大変そう」

と最初は思っていました。

実際にコミュニケーションをとっていくうちに、だんだんとわかり合えて歩み寄る。わかり合えないで平行線のままであることも理解する。

一方で、時間の経過とともに関係性は変わっていくものとわかりました。

外資系銀行では、男だから、女だからと意識する暇がないほど忙しい日々でした。目の前の仕事が刺激的で、おもしろさが忙しさを上回っていました。

たとえ性別による差別的なことがあっても、仕事の実力さえつけていれば、逆転現象はいくらでも起こります。

目くじら立てて男性に張り合わなくていい。

しなやかに、しなやかに。

自分の仕事とプライベートを楽しむ余裕があれば、心の平和を乱すことが少なくなりますよ。

「雑用」なんて仕事はない。目の前の仕事を楽しみましょう

6

伸びる女は一緒に楽しめるパートナーを選び
伸び悩む女は自分が楽できるパートナーを選ぶ

男性も女も生き方が多様になりました。

結婚という形にとらわれないのも一つの選択肢です。

これまで生きてきて思うのは、結婚しても、しなくても、一緒に人生を歩くパートナーは、いたほうがいいということ。

ダンナや主人、パートナーという言い方より「相棒」という日本語のほうが好きですが。


嬉しいことを共有すれば、楽しい気持ちが倍になります。

哀しいことを共有すれば、沈んだ気持ちを分かち合えます。


私は30歳直前まで、誰かが私を幸せにしてくれると信じていました。自分が「楽」できるパートナーを探していたのですね。

楽というのは、暮らしが「楽」。一緒にいて「楽」。

何の苦労もない日々を相手が提供してくれて当たり前のような傲慢な考え方をしていました。これではまるで女王様ですね。恥ずかしい限りです。

自ら痛い目にあって、やっと私の考えは間違っていたと理解しました。

では、どんな相棒を選ぶのがいいのか？
難しいテーマですよね。選び、選ばれるわけですからお互い様です。

なんとなくフィーリング（ウマ）があう。
喜怒哀楽の基準が似ている。
何を大事にしているかの価値観（優先順位）が似ている。

「似ている」というのは、全く「同じ」というのはあり得ないからです。
お互い別の人間ですから、育った環境・年齢・考え方・趣味等が違って当たり前なのです。違うからこそ「ほ〜。なるほど〜」と発見があっておもしろいのだと思います。

違いをおもしろがる。
相手の考え方に耳を傾けてみる。
自分の意見も伝えてみる。

自分の意見を相手に押しつけて「勝ち」「負け」をつけるのではなく、ニュートラルな部分があったほうが奥行きが出ます。

会話はキャッチボールといわれます。

まずボールを投げないことには、始まりませんね。

相手が受け取りやすいようなボールを投げていても、時には力が入ってドッジボールになることもあります。

人に寛容になるのは簡単ではありませんよね。

大学院時代の先生から習った『人間鉛筆論』。

ひとは六角形の鉛筆のようなもの。

ある一面を見て嫌だなと思っても、見えていない面にはとてもいいものが隠れている。

今日はたまたまお互い嫌な面を見せただけのこと。

時々、人にカチンときたら、「鉛筆」を頭の中に描くようにしています。

カチンと来ても、裏側にあるいいものを思い浮かべてみる

自分磨き

Chapter 6

1

伸びる女はキャリアを引き寄せ
伸び悩む女はキャリアアップをはかる

チャンスに前髪があるとしたら、どうやって見逃さないでタイミングよく前髪を引っ張れるのか。

何が自分にとってチャンスの前髪だったのか、正直私にもよくわかりません。

ただ、経験的に言えることはあります。

何気ない日常、毎日の仕事の中にそのチャンスの前髪は隠れていたのだと。

派遣社員として熊本のテレビ局受付の仕事をしていたとき、態度の悪い訪問客に、ものすごい怒りを感じました。ニコリともしたくありませんでした。

これでは受付の仕事として失格です。このとき思いました。

「受付係には年齢の賞味期限がある」

私はその日のうちに、派遣会社に次の人を探してもらうように頼みました。

辞めることを知ったテレビ局社長秘書の方が、声をかけてくれました。

「次の仕事、決まっているの？」「いいえ」「じゃあ、県庁の職員課の人を紹介するから面接してごらん」

熊本県庁⁉　当時知事だった細川さんのおそばで仕事ができれば嬉しいな。ミーハー心丸出しです。秘書課に採用されるように服装と髪形をキメ、面接ではいつになくハキハキ。秘書検定すら持っていないのに、翌日「秘書課に採用が決まりました」との電話に小さくガッツポーズをしたものです。

シティバンクへ転職したときは、新聞の求人欄には短大卒以上が条件だったのに履歴書を書きました。条件に合ってないのでこのままではゴミ箱行きですから「銀行業務経験」の実績の手紙を万年筆で書いて同封しました。人事の方から面接の電話がかかってきたとき、飛び上がるほど嬉しかったです。ダメ元ですから余裕をもって面接に臨んだところ、最終面接官が熊本の人。地元話で盛り上がったのはラッキーでした。

私のようなものを採用してくれたことが嬉しくて、目の前の仕事にただ全力で取り組みました。

最初の職場のクレジットカード部門で担当したのはクレーム処理でした。テキパキこなせずに落ち込んでいたところ、お客様から一通の苦情の手紙を受け取りました。電話のたらいまわしが不快だった、カードを退会したいと書いてあります。お詫びの手紙を万年筆の手書きで書き送ったところ、そのお客様から激励のハガキをいただきました。

「私にはもっとできることがあるかもしれない」と力が湧いて、なかなか口に出せないでいた、「経理をやりたい」と口に出したら願いがかないました。

5年後、こんどは銀行業務の本体に移りたいと上司に申し出たら「英語と外国為替について勉強しろ。あと1年、プロジェクトチームで仕事してもらう」と言われました。まじめに取り組んでいたら、1年後、約束通り国際業務部市場金融課に異動になりました。

その6年後、会社のお花クラブで「次は管理部門がいいかな」と口にしたら「もし本気だったら人事で今募集しているよ」と言われ、人事部人材開発に異動。新人研修担当になったことで人前で話す恐怖を克服し、その後ダイバーシティの社内講師デビュー。そのうち、「異文化について深く学びたい」と口にしたら、「それは大学院で学ぶといいよ」とアドバイスをもらい、高卒の私が受かるはずはないと家族に笑われながらトライして合格。

修士論文を提出した後、「大学で教える気ある？」と外部の講師からお誘いがあり、全く自信がなかったのに引き受けました。

そして今、大学の教壇に立って4年目。教室で出会う大学生とのやり取りは、実に新鮮でおもしろく、毎回ワクワクしています。

チャンスは目の前の仕事に真剣に取り組んでいたらやってくる

2

伸びる女はＧＩＶＥを先に与えられる
伸び悩む女は頼る人を探す

やりたいことを「口」に出して誰かに話してみる。次に、アドバイスには素直に従い、すぐ「実行に移す」こと。

勇気を出してやりたいことを言ったのに「そんなの無理だよ」と言われたら落ち込むし、能力が足りないと言われると傷つきます。そんなときは2、3日寝かせて、頭からそのことをいったん追い出します。そして時間をおいて、もう一度考えてみる。

ここでどうしても自分がやりたいことだったら「ゴーサイン」。自分の想いを「あきらめない」こと。やってみないとわからない。動いてみないことには結果は出ないのです。「ダメで元々」なんだから、うまくいったら儲けもの。このくらいの覚悟のほうがいいのかもしれませんね。

もう一つ大事なことを付け加えると……いやこれが一番大事なことかもしれません。

「人に誰か（何か）を紹介してもらえるほどの信頼関係を作ること」

テレビ局受付のとき、地方ですから、来客数は少なくヒマな時間が多々ありました。受付のブースの中で独りぼっち。ヒマな時間ほど辛いものはありません。

ここで考えました。販促や営業の女性たちは小走りでいつも忙しそう。残業も多いらしい。だったら受付に座ったまま手伝える仕事があるかも。早速提案すると、映画の試写会の当選者へのあて名書きハガキをどっさり渡されました。

私は応募して外れることが多かったので、どんなハガキを書けば当選するのか研究できました。宛名を書くことも苦になりません。ヒマな時間がなくなって万歳です。販促の社員から、お礼にと試写会の招待状をいただきました。

そうしているうちに社員の方、出入りの業者さん、お掃除の女性たちと仲よくなり、受付を通るたびに世間話をしていく人が増えました。

すっかり会社になじんだ私は、辞めるとき、頼まれもしないのに受付を通る人の時間帯の人数の報告書まで作成して総務に提出しました。

どんなことをすれば喜ばれるか？　派遣の仕事を多少逸脱しても（これは派遣会社に確認をとってやったほうがいいです）、できることはやったほうが、会社のためになっていいと思いました。そんなに来客が少なければ受付は不要、と職を失うことになっていたかもしれませんが……

そんなこんなで会社から信頼されたからこそ、県庁を紹介してくれたのかもしれません。

シティバンクのクレジットカードの苦情処理のときは、苦情の電話を熱心に聞くほうだったので1日の件数のノルマが果たせませんでした。いくら途中で毅然として言うべきことを言わなくちゃと思ってもズルズル……　この仕事に向いていないと上司も思っていたようで、経理に移りたいと言うと「僕も君にはそのほうが向いていると思う」とさっさと異動の話を勧めてくれました。

向いている仕事もそうでないと感じている仕事も、まずはとことん懸命にやってみることが大事だと思います。誰も見ていないようで、誰かが必ず見て評価していますから。その姿勢を評価され信頼されるからこそ、声をかけてくれる。

「あの人はちょっとね……」と信頼しない人を他の人に紹介するなんてことはありません。だからこそ、紹介してくれた人の顔をつぶすことがないように、いただいたチャンスに感謝したい。これもモチベーションにつながります。

キャリアの転換期は必ずやって来ます。まじめに向き合っている人にチャンスの前髪を持ったひとが現われるのではないでしょうか。

誰かの役に立つことを真剣に考えて行動する

3

伸びる女は仕事の現場で学び
伸び悩む女は学校へ通う

「君ね、外資系の会社で働いているのに英語ができないなんて何の言い訳もできないよ」

上司のことばは私の痛いところをつきました。

シティバンクに入社して6年が経っていました。

確かに伝票などの書類は英語ばかり。仕事で使う用語も英語でした。だけど、クレジットカード部門で経理を担当していた私にとって日常、英語で会話をする場面はなかったし、上司も同僚も日本人でした。

そんなある日、部を横断するプロジェクトメンバーに選ばれたのでした。仕事を一緒にする中心メンバーはシンガポール人、インド人。

さあ困りました。「私、英語できないんですけど」と上司に白状すると、冒頭のことばをぴしゃりと言われたのです。

入社時の面接で「あなたの配属先では英語は使いませんから」と言われ、安心してぬるま湯につかっていたのでした。

仕事を知っていたのが幸いしたのかプロジェクトから外されることはありませんでしたが、毎日が冷や汗の連続でした。会議で何を言っているのか隅々までわからない。ものすごい疎外感とストレスでした。

プロジェクトマネージャーから「関係部署の担当者を呼んで会議をするからEメール、打っといてね」

Eメールは、当時、英語しかありませんでした。英文の書き方もわかりません。上司や同僚はいちいち教えてはくれません。和英と英和辞書をたよりに何時間も残業しながら、他の人が書いた英語のフレーズを真似しながら、必死な毎日。

通勤電車の中では英検3級用の単語帳を見ていました。そのころ受けたTOEICは400点。会社が費用を出してくれたトレーニング、自腹で通った学校のベルリッツ、アルクの通信教育、NHKラジオ講座……　いろいろな方法を試してみました。

TOEICは効果測定で定期的に受けていました。受けるたびにほんの少しずつですがスコアがアップしていくのは嬉しかったものの、700点を超えたあたりでスコアは上がらなくなりました。会議では相変わらず英語で発言することができません。海外とつなぐ電話会議は恐怖でした。

そんな中、人事部研修課に異動しました。直属の上司は日本語を話さないカナダ人です。私はチャンスだと思いました。

異動してすぐ、英語でコミュニケーションをとろうと上司に、「ランチご一緒しませんか」と勇気を出して言ったところ、「私はランチタイムはジムに行きます。部下とはランチに行きません」と断られてしまいました。

部下の誘いを断る上司がいるなんて、ショックでした。数日後、雑貨屋さんで可愛らしい3分間の砂時計を見たとき、「これだ」と思いました。

砂時計を持って上司のドアを叩きました。

「一日3分間でいいのでお話ししてもいいでしょうか？」

上司はこんどは笑顔で「君はおもしろいね」「3分だったらいいよ」ということで、砂時計付きの「Do you have 3minutes?」は日課となりました。

他愛もない話から毎日の英語会話が始まり、そのうち話の中身も仕事のことになっていきました。その後3分間の枠を超えて、仕事の進捗状況の報告や課題について話すようになりました。仕事がスムーズに進むようになったのはこの砂時計のお陰です。

英語を使う環境を作ってくれたカナダ人上司に感謝してもしきれません。

自分の弱点は、仕事で克服できる！

4

伸びる女はしたいと思ったら今始める

伸び悩む女はしたいことをいつするか計画する

中学生のとき、３つ違いの弟からこう言われました。

「お姉ちゃんはいい意味では思い切りがいい。でも悪い意味では向こう見ずだ」

小学生のことばなのに的を射ていて、これではどちらが年上なのかわかりませんね。

「三つ子の魂百まで」とはよく言ったものです。

10代のころ、真夜中、どうしてもクッキーが食べたくなり、台所で小麦粉から練ってオーブンで焼いて食べ、狭い家に香ばしいにおいをまき散らしました。これまた夜中に突然自分の部屋の模様替えを思いつきます。思い立ったら即実行なので、隣の部屋で寝ている弟が物音に驚いて起きてきました。

失敗したり、ひんしゅくを買ったりもしましたが、やってみたほうが経験（実験）ができ、結局は自分にとってプラスになるのです。


「これをしたい！」と思ったら、今、すぐに始めることをお勧めします。

まずは情報を集めたい人は、すぐに検索にとりかかることでしょう。

大事なのは、その次のアクションです。

調べただけでは、「やった」ことにはなりません。

45歳のとき、大学院受験をしました。

また無謀なことを……と家族は笑いました。仕事をしながら深く学びたい分野ができたのです。憧れの女子大生にもなってみたかったのです。

ダメ元で受験したら合格し、夢のようなキャンパスライフが実現しました。

学生の母親や先生に間違われながらも、年の離れたクラスメイト、まったく違う業界で働くクラスメイトとの出会いが新鮮でした。

授業で学ぶこと（理論など）と、それまで仕事で経験したことが結びついたとき、「なるほど～」としっくり来る感覚が嬉しかったです。

外資系銀行時代の後輩は今、40才を目前にしています。10年前、英語を使ってボランティアとして通訳の仕事がしたいと言っていました。

大学の英文科卒の彼女にはぴったりなので背中を押すと、「でもね……　ブランクがあるから、自信がないんですよ。まず英語の学校に通わなきゃ」と言い続けて英語の学校の選択に迷いながら、時が過ぎていきました。

「私には仕事以外にやりたいことがない」と今もぼやく彼女です。

ボランティアの世界に飛び込んで、実際に外国人と接しながらスキルを磨いていけばいいのに。基礎はあるのだから。もったいないな、と思います。

新しいことにトライする、誰も知らない人たちの中に入っていく、というのは実際、大変なエネルギーが要ることです。

今のままで十分幸せなのだから、あえて痛みを伴う選択をしなくてもいいんじゃない？動くことは面倒でおっくう。何より初めての人に会うのが怖い。これは人見知りである私も同じです。誰もが感じる不安や恐れです。

だけど、せっかく「やりたいこと」があるのに行動を起こさないと、後々悔やむことになるかもしれません。

人生は短いんです。一歩踏み出すことで出会う人が変わりますよ。

新しい出会いは人生を好転させる力があります。

ダメで元々。まずはやってみることをお勧めします。

できない理由はいくらでも言える。一歩踏み出してみよう

5

伸びる女は偶然をキャリアに活かし
伸び悩む女は計画を紙に書く

仕事を続けていると、思わぬところにチャンスの神様が潜んでいます。

それは全く予想しないところにひょこりと現われます。

突然に現われたそのチャンスのドアに気がつくかどうか。

ドアのノブを回して次の世界に進むかどうか……　そこがキャリアの分かれ道です。


目の前の仕事にコツコツと誠実に取り組む人にチャンスのドアが現われます。

誰にでも平等にチャンスのドアが現われるわけではないのです。


邦銀時代の後輩で、極端にあがり症なDさんがいました。

18才で入社してきた彼女はお茶を応接室に運ぶとき、極度に緊張していました。

緊張して手が震えるので、蓋付きのお茶碗がカチャカチャと音を立てます。

取引先の人から「彼女は病気なの？」と言われたほどでした。

半年後にはようやく音がしなくなり、大人の笑顔でお茶くみができるようになっていきました。

ある日例の、病気なのかと心配した取引先の専務さんが、お見合いの話を持って銀行に現われました。

専務さんは社長の息子のお嫁さん候補に、Dさんにお声をかけたのでした。

Dさんは、まだ若いですからと丁寧にお見合いをお断りしていました。

入社してきたときのDさんは、子どもっぽい印象でした。

スヌーピーの筆箱とノートを持って職場に現われました。

パタパタと音を立てて職場をあわてたように歩く、落ち着かない印象でした。

けれど、見かけと違って精力的に仕事をする姿に、周りの人の見る目も変わっていきました。

不動産課にいたDさんは仕事に必要だからと、不動産鑑定士という難しい資格を取得したのです。

それまでは男性しか持っていなかった資格です。支店で初めての女性の不動産鑑定士の誕生でした。

また当時、銀行には、本部で研修制度があり、社員が手を挙げれば業務知識の向上の場が与えられていたことは幸せでした。

手を上げたDさんは、研修の場で東京の支店から参加した男性と恋に落ち、社内結婚。寿退社をしていきました。

その後、2人の子どものお母さんになったDさんは、今何をしていると思いますか?

東京で自分の税理士事務所を開き、人を雇って生き生きと仕事をしています。

ご主人の実家が税理士事務所だったため、手伝いに行っていたDさんは働きながら資格をとり、独立したのでした。

研修に手を上げなかったら、別の人生を歩んだDさんだったと思います。

偶然の出会いは誰かが運んでくれます。

キャリアのステップアップは計画されたものではなく、自分で行動を選択した結果なのだと思います。

今の自分は、何かを選択した、その結果

6

伸びる女は夢と現実にブリッジをかける方法を学ぶ

伸び悩む女は夢と現実のギャップに悩む

45歳で花の女子大生……と浮かれていた大学院生活。

仕事をしながら授業に出て単位を取る。研究テーマの修士論文を書くという作業は簡単なことではありませんでした。まるで観客のいる運動場のトラックで短距離競走を何度も全力で走ったような2年間でした。

家のことにはますます手が回らないから、家族の理解が必要。

授業がある日は残業ができないので会議の時間を早朝に変えてもらうなど、職場の仲間（上司・同僚・部下）の理解が必要。

会社を出るタイミングによっては授業に遅刻することも多々あったので、指導教授たちの理解が必要。

全ての人たちのサポートを得なければとうてい大学には通えなかったのです。

しかし、当時は、ただがむしゃらに勢いだけで走っていたように思います。

自分の体験でわかったのは、やりたいことがあったら、そのことを「口に出す」ことです。

「大学に行きたい」「なぜ行きたいのか」「自分の何を変えたいのか」「その情熱はどこからくるのか」「お金に余裕はあるのか」

やはり、信頼できる人に話してみることです。アドバイスをもらえたり、リアルな情報をくれたりすれば、実行に移すイメージが湧いてきます。人は身近にいっしょう懸命な人がいたら、アドバイスをしたくなるものです。

私の修士論文は、プロ野球の外国人監督のリーダーシップに関すること。当時（2008年）、千葉ロッテマリーンズの監督、バレンタイン氏にインタビューを申し込みました。ところが、どんなツテを使っても断られました。レギュラーシーズン中でしたから無謀なチャレンジでした。

私はあきらめかけていました。研究テーマさえも変えようかと落ち込んでいたある日、会社のランチタイムで、外部講師Wさん（アメリカ人）とご飯を食べていました。

「バレンタイン監督にインタビューしたいんだけど、断られてね……　困ってる。誰か球団に知り合いがいる人、いないかな？」と口にしたところ、

「バレンタイン監督の側近（アメリカ人R氏）を知っているから頼んであげようか？」

WさんがR氏に話をつないでくれました。R氏は「監督へはムリなので僕がインタビューに答えます」とのお返事。

千葉ロッテマリンスタジアムの事務所でR氏へのインタビューが実現しました。

私があまりにも熱心だったせいか、R氏は「ちょっと待って……　それは僕より直接監督にきいてくれ、今、連絡してみるから」

数分後、球場のダッグアウトに案内されました。

夢かと思いました。

その夜、楽天と試合のあるチームは私の目の前で練習しています。

ついに、バレンタイン監督がにこやかにダッグアウトに現れました。

私は嬉しさのあまりことばが出てきません。無理だと思っていたことが実現するなんて。

私は頭が真っ白になり、自分が何のためにここにきたのか一瞬わからなくなり、「落ち着いて」と監督から声をかけられ我に返ったのでした。

こうして18分のインタビューに成功しました。

自分の夢を口に出してみると橋をかけてくれる人が現われます。

その橋を勇気を出して渡ってみると、新しい景色に出会いますよ。

会いたい人の名前は、口に出し続けると9割実現する

7

伸びる女は未知の世界に答えを探し
伸び悩む女は自分の中に答えがあると信じている

一つの部署で仕事に慣れ親しんでいる状態は心地がいいですよね。

一人立ちができているのは、それまでの苦労があってこそなのですから。

頑張っている自分をほめてあげたいものです。

外資系銀行人事部研修課に異動して3年目の話です。そろそろ仕事に慣れてきたな～と思っていたころ、明治大学から社会人のためのプログラム満載のカタログが送られてきました。何気なく開いた私は一つのページに釘付けになりました。

「コーチングの初級コース」

リーダーシップのプログラムでは必ず出てくる「コーチング」に興味を持っていたときでした。

コーチの資格をとるのもいいし、週一度の夜ならば、会社の後通えるし、お茶の水は、途中下車だし、今の仕事にもつながるし、大学という場所に行って学ぶ自分って素敵！いいかも！

早速、上司の許可をとり、申し込みました。

コーチングのクラスには、さまざまな業界の男女が来ていました。

現役の明大生もいて年齢層にも幅がありました。

明大生のM君が「しゅうかつ」について雑談していたとき、私は就活ということばを初めて知りました。なにか美味しい食べ物のことかと最初思ったのでした。

一番新鮮だったのは、会社以外の環境で、全く知らない人の中に入ったとき、自分がどのような人間に思われるか……という点でした。

毎週会いますから、顔見知りになって話すようになります。

全クラスが終わって、打ち上げの場で初めて名刺交換をした私たちでした。

本人のイメージと仕事が違う、などとお互い笑い合ったものです。


コーチングの授業ではエニアグラムという手法で自己分析をしました。

人をタイプ別に分ける考え方に、当初は違和感を覚えたものです。

ここでは心から相手の話を聴くことの重要性や質問の仕方について学びました。

次のステップである中級・上級には進みませんでしたが、私は上司と部下のコミュニケーションについて少しだけ賢くなった気がしました。

学んだことをすぐ実践で使ってみたからです。

コーチングのクラスが修了したころ、新しい仕事が来ました。人事部の他の部門の人が担当していた「メンタープログラム」の事務局を引き継いでくれないかということでした。

メンターとは経験が豊富な先輩社員です。経験の少ない社員に、メンターが社員の学びと成長を促すのがその目的でした。

（そんな大変な仕事が私にできるだろうか？）また尻込みです。

メンターについて調べると、メンターにはコーチングの要素が多分に入っていることがわかりました。私は親しみを感じてこの仕事を引き受けました。

事務局として、各部署のメンタープログラムが問題なく行われているかをケアしたり、メンターを集めて研修を実施したりするのが私の仕事でした。

コーチングを外に学びにいかなかったら、新しい仕事から逃げていたかもしれません。「おもしろそう」の直感が仕事を広げるチャンスです。

自分の直感に、素直に従ってみよう

8

伸びる女は体験にお金をかけ
伸び悩む女は形に残るものを買う

日本の銀行からアメリカの銀行に転職してカルチャーショックを受けたことの一つに、有給休暇の使い方があります。

日本の銀行では、有給休暇は捨てるのが当然。

外資系では、全て使いきるのが当然。

「関下さん、お願いだから、休んでください。僕は上司として部下に有給休暇も取らせることができないと、マネジメント能力がないと評価されるんです」。

なんていい会社なのだろうと思いました。

外資系でバリバリ働く人たちは、時間とお金をどう使っているのか。興味深いことでした。

外資系ですから、英語に不自由しない人たちの集まりです。海外に行くことに抵抗がない人が多かったこともあり、いろいろな国に出かけていきます。

しかも観光旅行だけではなく、さらなる語学力アップをはかるための勉強、短期間でもビジネススクールに入って専門スキルを学ぶ人がいました。

自分でお金を払ってでも、常に上を目指して興味のある分野の知識を精力的に増やす人が多いのです。

このことは転職後も遊んでばかりだった怠け者の私に刺激を与えました。勉強するなら、資格をとるなら、費用を会社に出してもらうことをまず考える（そういい時代もありました）。

「そこに仕事があって、生活できれば、それでいいじゃない」と、のほほんと日々を送り、自分のステップアップなど考えもしませんでした。

それなのに周りには、当たり前のように日々勉強している人がいることに驚きました。それも仕事の質を上げるため、将来のキャリアを考えての行動、あるいは興味のおもむくまま、おもしろいと思う世界に飛び込んでみる……　そこで人のつながりができ、自分の視野や人とのネットワークを広げることをしているのですね。

外資系のお姉さまたちはエルメスのスカーフを首や腰に巻いて勢いよく歩くセンスのいい人がたくさんいました。

バブル期でしたし、確かに高いお給料をもらっていたので高級品を買う余裕もあったとは思います。ただ、その裏側ではいつも努力している彼女たちでした。その努力を表には見せない。そんなところがカッコいいと思いました。

私といえば、ブランドものを買って、ただ嬉しかった時期がありました。

ある日、自分にご褒美で買ったヴィトンの名刺入れを出したとき、恥ずかしさがこみあげてきました。全く同じ名刺入れを同席した取引先の女性が出したのです。

彼女のプロフェッショナルな服装と醸し出すオーラが名刺入れにぴったりでした。

私はブランド品を持つには中身がともなっていない。

見た目を繕ってもダメ。お金をかけるのなら、自分の内面を磨きたい。

そう思って、まず行ってみたかったテニススクールに通い始めました。スポーツと無縁だった私にも、新しい世界が開けました。

本を読む、学校に通う、好きな趣味の世界にとことんのめり込む、友人と情報交換する。

そうした「体験」を積んでいけば、新たな気づきがあり、人に自分のことばで語れるものが増えていきます。

コミュニケーションの話題の幅が広がれば、それは私たちの「武器」になります。

学びたいと思ったときが、適齢期

自分時間

Chapter 7

1

伸びる女はひとり時間を作りだし
伸び悩む女は付き合いがいい

学生時代、クラスメイトたちが休み時間にワイワイにぎやかにおしゃべりしている中に入るのが苦手でした。彼女たちの話題がおもしろいなと感じたり、一緒に笑い合えたら楽しいだろうなと思ったことは何度もあります。

だけど自然に仲間に入っていくことができませんでした。

無理に仲間に入ろうとすると顔がこわばり、皆から嫌われるかもしれないと恐怖でした。人とかかわるのがおっくうで、すべてが面倒だと感じていた時期がありました。

社会人になっても基本的なこの傾向は変わりません。自分一人だけの時間を大切にしたいほうです。

仕事仲間の人事コンサルタントのSさんは尊敬するアネゴです。

彼女の吉本系の笑いは仕事仲間を笑わせ、楽しい思いにさせてくれます。

仕事仲間４人でランチタイムの中華料理店でのことでした。

食べ終えて、まだ時間があったため取りとめのないおしゃべりをしていたとき、Sさんが「ちょっと私、やることがあるから先に出るわ」と、すっと立ち上がりお金を置いてお店を出て行きました。

彼女の横顔が固くなっているのを見ました。

きっと一人になりたかったのでしょう。

お笑い系で、いつもは人を笑わせているにぎやかなSさんも、一人になる時間がほしかったのだと思います。

普段の笑顔と固い表情のSさんのギャップにどきりとし、彼女がもっと魅力的に思えた瞬間でした。

誰とでも、いつでも付き合いがいい人。いますよね。

付き合わないと、誘ってくれた人に申し訳ないから、断れない。心優しい人なのです。

私はすぐ疲れてしまいます。

だから自分が疲れやすいことを受け入れて、無理をしないで人と付き合っていきたいと思います。

無理をするとどこかにひずみが出ます。

無理をして自分の時間が減ったせいで、プライベートで余裕がなくなり八つ当たり。

一番大事な家族を犠牲にしていたりします。

誘われて、嬉しいんだけど、今日はそんな気分ではないときもあります。

「今夜、仕事の後、一緒に映画見に行かない？　試写会のチケットが手に入ったの！」

「ありがとう。話題の映画だね。あー、家でやることがあるから今日は帰ることにするわ。ごめんね。また誘ってね～」

観たかった映画でも、誰かと行く約束をしている場合もありますよね。

せっかくのお誘いでも断る勇気を持つことも大事なことだと思います。

仕事からも家族からも離れる「ひとりの時間」はとても大事です。

自分の価値観を何からも邪魔されない時間。

ありのままの自分でいられる、解き放たれた時間を過ごすこと。

すると……　充電されたエネルギーが明日への活力となり、自然な笑顔で「おはよう」って言えるんです。

無理して一緒の時間を作るより、ひとり時間で活力を増す

2

伸びる女は全て後回しにして遊び
伸び悩む女はベッドまで悩みを持ち込む

時間の使い方、とらえ方で人生が大きく変わっていく気がします。

時間にメリハリをつけることが大事なのです。

ここまでは遊び。思いっきり好きなことをしていい気持ちになる。

そして、ここからは仕事モード。集中して目の前のやるべきことに集中！

というような切り替えです。

気にかかっていることを引きずりながら、別のことに対処していると、結局何もかもが中途半端。

心が晴れないまま過ごす時間はもったいないですよね。

だったら、メリハリをきかせて、ここまではこれをやる。

後は、その後に考えよう！

「ま、なんとかなるさ」というおおざっぱな神経も時には必要なのだろうと思います。

だって、いつもいつも緊張状態でいると、視野が狭くなっていい発想はできません。

余裕をもって、ゆったりしたとき、いい考えが生まれます。

私は自分へのご褒美でときどきマッサージを受けに行きます。

行く場所も担当者も決めています。
余計な気を使うとかえって疲れるので担当者を選ぶのはとても重要です。
いつもの彼女の手で全身オイルマッサージを受けるとき、心からリラックスします。

外銀時代の仲間たちのランチタイム（60分）の使い方もさまざまでした。
資格試験の問題集に集中する人。
スポーツジムでヨガのクラスに入る人。
プールで泳ぐ人。
B級グルメを探究する人。

他にも、自宅で熱帯魚を飼い、かわいがる上司。
朝からサーフィンをして会社へくる先輩。
毎年、ホノルルマラソンに参加する同僚。
ヨーロッパサッカーを見に行くため有給休暇をキープしておく同僚。
オーケストラに入り、コンサートに招待してくれるバイオリン奏者の後輩。

フラダンスの発表会で美しい笑顔を披露する同僚。

今思い出すだけでも、忙しい中、みな本当に自分が好きなことで自分にエールを送っていたんだなぁと思います。

知人のYさんは外資系製薬会社の執行役員。

彼女は平日も週末もバレーボールをしに体育館に行きます。涼しい笑顔で、男性顔負けの鋭いアタック。指先にはきれいなネイル。そのギャップが魅力です。

責任ある仕事を持ち、かなりの忙しさのはずなのに、バレーボールのような激しいスポーツをする元気はどこから来るのか本当に不思議です。

最近、彼女の誘いでソフトバレーボールを始めた私は初心者コースです。

Yさんがお隣のコートで声を出し、動き回る姿を横目チラチラと追いながら、彼女の華奢なのに頼もしい姿にほれぼれしているところです。

自分が掻き立てられる遊びの時間を持とう

3

伸びる女は休みを戦略的にとり
伸び悩む女は休みを享楽的にとる

「無事これ名馬」

小柄ですが昔から体だけは丈夫で、少々無理があってもめげない自信があります。社会人生活を30年ほどやってきても、病欠はほんの数えるほどです。

そんな私でも、ある痛みには負けました。

外資系銀行勤務時代、まだ30代前半でクレジットカードの経理を担当していたときのことです。仕事中、奥歯が急に疼きだしました。

今までに体験したことのない痛みに、たまらずその日の午後早退し、帰宅途中にある歯医者に飛び込みました。

レントゲンを撮ったら、親不知に問題あり。すぐ抜いたほうがいいとのこと。

麻酔をするから、大したことはないだろうと思っていたところ、現実は予想をうらぎりました。その後一本の歯を抜くのに数時間。麻酔が途中できかなくなり、痛いのなんの。

ペンチでゴリゴリやりながら、麻酔の注射を追加で打つという状態に。

歯医者を出るとき、すでに抜いたほうの頬が腫れていました。

翌日は、顔の形が変わり、大ショックです。変形した下駄のよう。

とても人前に出る顔ではありません。

私は思い切って会社を休みました。

行こうと思えば会社へ行けたのに休んだことに、ずる休みをしたような罪悪感を持ったことを覚えています。

しかし、一日休んだお蔭で腫れがひき、次の日、いつも通りに元気に会社へ行きました。

私たちは生身の人間。

いつも同じ調子を保つことはできませんよね。

体調が悪いとき、我慢して、無理をすると、あまりいいことはないようです。

余計に具合が悪くなり、回復するのに時間がかかってしまうからです。

だからこそ、悪くなってから考えるんじゃなくて、予防が大事。

健康管理は、プロの仕事のベースです。

心も体も元気でないと、何もできなくなってしまいます。

最初にお話ししたとおり、急な病欠はほんの数日ですが、外資系の会社に長くいたので、休暇は「とらなければならない」ものでした。

だからこそ、戦略的に、休暇を利用して、生活にメリハリをつけていました。

このプロジェクトが終わるまで、3か月は土日も出勤しなくちゃいけないかもしれない。

でも、これが終われば1週間、休みをとって、ハワイへ行こう。

法事もあるし、久しぶりに実家に帰って親孝行しよう。

先にそうした区切りがあると思えば、激務の瞬間も楽しく思えました。

もちろん、休暇をとって慣れないことをしたためにくたくたになった、なんて言い訳はできません。休みの期間内でも、さらに最後の2日は本当に何もしない、空白の日をとったりしていました。

日本の企業だと、休みのとり方が違うでしょう。

プロフェッショナルな人は、戦略的に自分の体もメンテナンスできる人ではないでしょうか。

あらかじめ自分の心と体と相談して休みをとろう

4

伸びる女は付き合う人が年々替わり
伸び悩む女はいつものメンバーで
女子会をする

学生時代の友人に会う機会がめっきり減りました。

女は家庭をもつとパートナーの仕事の都合で動くことが多いので、集まる機会が減るのは仕方がないことです。

それでも何年ぶりに再会すると、つい昨日も会っていたような、制服を着ていたころと同じようにしゃべり始めるから不思議です。

社会人になってからの同期も会う人が決まってしまいました。

たまたま同じ関東に住んでいるからかもしれませんが、会えばお互いの近況報告でしゃべりっぱなし。いい年をして女子会と呼んでいいのかわかりませんが、とにかく会話が尽きるということがありません。

最近は、講師仲間や仕事のパートナーとの会の比率が高くなっています。

そう人脈を意識して伸ばすほうではないので、気の置けない仲間とだけ、楽しい時間を過ごすようにしています。

会社勤めから解放されて5年目になります。

会社の名刺（看板）がなくなってよかったこと。

それは、交友関係の見直しができたことです。

会社の名前がなくなったとたんに離れて行った友人（仕事関係の知人）がいたことは少なからずショックでした。

「シティバンクの関下さん」と付き合ってくれていたのですね。

この現実に、ちょっと落ち込みました。

これは自分の人間としての魅力がないせいで、自業自得。

だけど……

離れてくれたお陰ですっきりしたというのも、実は本音です。

表面だけのお付き合いはしたくない。

お陰で本当に信頼できる友人が誰か、わかりました。

それでは友達の数が少なくなって寂しいって？

いえいえ、これから新しいネットワークを自分で作っていけばいいのです。

何も心配することはありません。

時々交友関係を見直してみるのもいいものです。

会社から大学という場所が職場になったとき、孤独でした。

全くの新人になりましたから、不安でいっぱいでした。

一方で、今までと別世界の職場にワクワクしました。

初心者というのはいいものです。

教えていただくことがたくさんあって、何もかもが新鮮です。

お陰で、今までご縁がなかった大学の先生たちと同僚としてお付き合いするようにもなりました。


多少の痛みは伴いますが、年齢を重ねるにつけ、交友関係の見直しはした方がいいのかもしれません。

本当の友は一人でもいい。一生の宝物ですから。

本当の友達とだけ付き合えばいいと割り切ろう

5

伸びる女は手仕事を大事にし
伸び悩む女は新情報に注目する

ものを擬人化して見るのが好きです。

使い古した筆箱（ペンケース）の気持ちになる。

大切な人から頂いたマグカップの気持ちになる。

自分で自分にご褒美で買った定期券入れの気持ちになる。

きっと、子供のころに親から与えられたクマのぬいぐるみのせいです。

小学校3年生のお正月、祖母からお年玉としてもらったクマのぬいぐるみ。

彼女（クマはなぜか女の子）と私は会話ができます。

私はクマの気持ちになり、彼女は私と会話ができるのです。

抱っこし過ぎて汚れてしまったクマに祖母はタオルをかぶせてオリジナルなクマを作ってくれました。

タオルも何回か取り換えられています。「これが最後の修繕になるかもしれない」と鼻の部分に布をかぶせていた祖母が畳の部屋で座って針を持つ姿は目に焼き付いています。

クマの名前は昌子（まさこ）といいます。彼女は熊本の実家のピアノの上にいて今も両親と暮らしています。

ものを大切に扱うということ。

ものには気持ちがあるのだということ。

手仕事にはぬくもりがあるということ。

この3つを明治生まれの祖母から習いました。

使い捨てが当たり前の時代に、時代遅れと思われるかもしれません。

だけど、祖母から学んだことは今の若い人に伝えていきたいことなのです。


手先が不器用な私が、手仕事の大切さを語っていいのかわかりませんが、手仕事でこだわっていることがあります。

それは、手書きの手紙を書くことです。

お礼状等は万年筆を使います。万年筆を持つと、背筋が伸びて少し字が美しく書けるように思います。

そういえば、年賀状の宛名も手書きにしています。

辞書がないと漢字が書けなくなっているという情けない現状ですが、手書きだけはこだわっていきたいです。

今はインターネットにつなげばなんでもできる時代です。

情報も物も簡単に、実に簡単に、手に入ります。

簡単過ぎて味気なくて、ありがたみがわかない。

だから、簡単にものを捨ててしまうのもしかたがないのかもしれませんね。


視点をずっと、ずっと遠く離れたところに置いて、日本の上空から、さらに遠く、宇宙的な視点で地球を眺めてみてください。

水や空気など自然の資源には限りある。なのに、そんなに簡単にものを捨てていいの？

という疑問がわきます。


簡単に手に入ることより、苦労して工夫に工夫を重ねて手に入れたことに価値があると思うのです。

いま、あるものを大切にすること。これが本当のエコライフなのではないでしょうか。

大切なものは宇宙からの贈り物。人と比べず、ずっと守る

あとがき

キャリアウーマンのかっこいいイメージとは程遠い私だったと思います。ただ目の前の仕事に泥臭く向き合っていたら、シティバンクであっという間に20年が過ぎていました。

人事部時代、仕事のパートナーだった外部講師の方の紹介で、大学の非常勤講師になって4年目を迎えています。人前でしゃべるのがあんなに苦手だった私が大学の教壇に立つなんて夢にも思いませんでした。予測しないことが起きるから、人生はおもしろいのかもしれませんね。

最初に入社した銀行で働く人の基本のキを学んだお陰で、派遣や契約社員で働いても、外資系へ転職しても、何とかサバイブしてこられたのだと思います。

この本を書くにあたり、ともに働き、お世話になった方々のお顔と仕事のいろいろな場面をたくさん思い出しました。あの一瞬一瞬は二度と戻ってはこないのですね。

嬉しかったこと、楽しかったこと、辛かったこと、哀しかったこと全てが、今、愛おしく思えます。

ココ・シャネルが残した名言の中に、好きなことばがあります。

20歳の顔は自然の贈り物。
50歳の顔はあなたの功績。

どんな顔になっていくのかは、結局は自分次第なのですね。

私もこれからの日々、どんな小さなことにも感動し、学び続けていきたいと思います。

この本の出版に関わるお世話になった全ての方のお陰でこうして新しい出会いが生まれたことに感謝いたします。

最後までお読みいただき本当にありがとうございました。

２０１４年7月吉日

関下昌代

■著者略歴
関下　昌代（せきした　まさよ）

熊本市生まれ。熊本県立第一高校卒業後、住友信託銀行に就職。以後、派遣、臨時職員でテレビ熊本、熊本県庁などで勤務。

1989年シティバンク銀行に転職。いくつかの業務部を経て、2001年人事本部人材開発課に異動。

アシスタントバイスプレジデントとして社員研修プログラムの企画、社内講師役を務める。

一方で高卒の学歴コンプレックスを払拭すべく、大学を飛ばして立教大学大学院に入学。2009年異文化コミュニケーション学修士号を取得し、同年シティバンク銀行を退職。

東京富士大学非常勤講師、神奈川大学非常勤講師を歴任し、2016年より亜細亜大学非常勤講師。大学ではビジネスマナーやコミュニケーションの科目を担当。

ビジネス書執筆、企業等での講演、セミナーも精力的に行う。

著書に「好かれる女（ひと）と面倒な女の習慣」（明日香出版社）、「伸びる女の社内政治力」（さくら舎）、「伸びている女性がやっている感情整理の新ルール」（KADOKAWA）、「シティバンク人事部で私が学んだ一生使える「気づかいの基本」が身につく本」（大和出版）「仕事も人間関係もうまくいく！マナードリル」（総合法令出版）「反学歴の成功法則」（経済界）などがある。

本書の内容に関するお問い合わせ
明日香出版社　編集部
☎(03) 5395-7651

伸《の》びる女《ひと》と伸《の》び悩《なや》む女《ひと》の習慣《しゅうかん》

2014年　7月　14日　初版発行
2019年　8月　5日　第24刷発行

著　者　関《せき》下《した》昌《まさ》代《よ》
発行者　石　野　栄　一

〒112-0005 東京都文京区水道 2-11-5
電話 (03) 5395-7650（代 表）
(03) 5395-7654（FAX）
郵便振替 00150-6-183481
http://www.asuka-g.co.jp

明日香出版社

■スタッフ■　編集　小林勝／久松圭祐／古川創一／藤田知子／田中裕也
営業　渡辺久夫／浜田充弘／奥本達哉／野口優／横尾一樹／関山美保子／藤本さやか／南あずさ　財務　早川朋子

印刷　株式会社文昇堂
製本　根本製本株式会社
ISBN 978-4-7569-1711-9 C2036

編集担当　藤田知子

誰からも好かれる女（ひと）の
人と運を
引き寄せる習慣

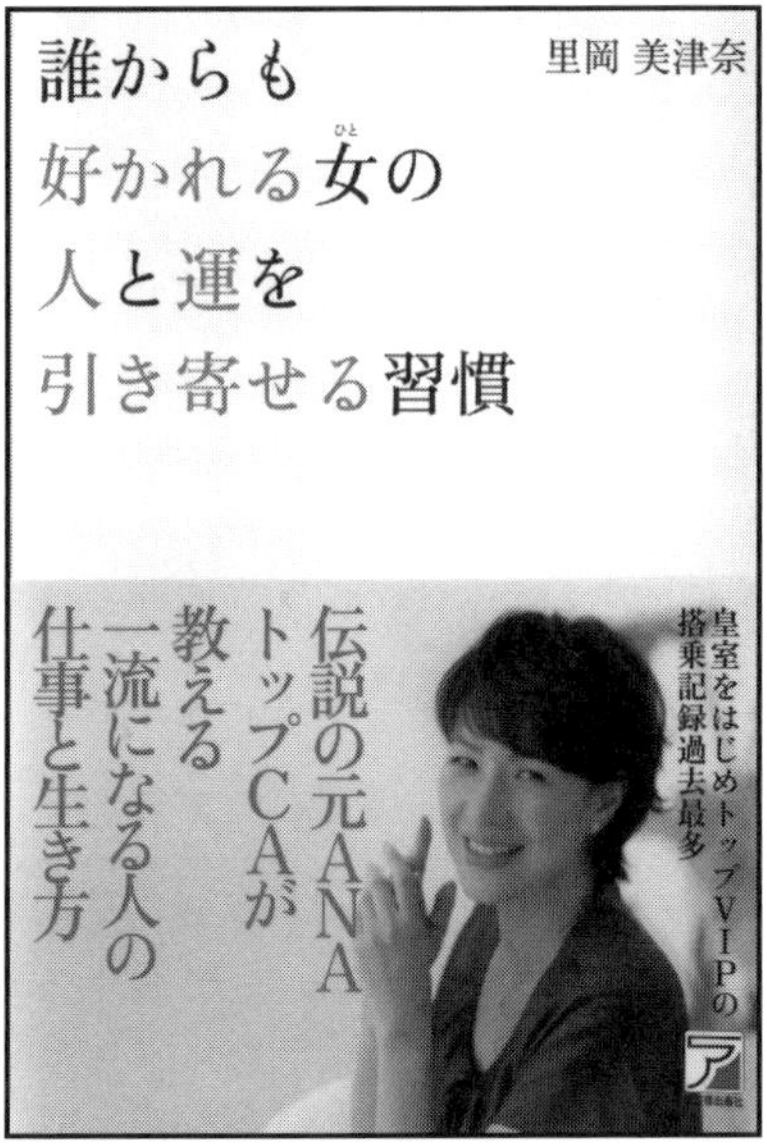

ISBN978-4-7569-1612-9
B6並製　204頁
本体価格1400円＋税

里岡美津奈 著

２４年間 ANA 国内線、国際線のチーフパーサーとして、またその内の１５年間は天皇皇后両陛下、英国元首相マーガレット・サッチャーを始めとする各国の国家元首の VIP 特別機の担当として活躍した著者。
伝説のトップ CA になるまでに心がけてきた里岡さんの仕事の習慣や、空の上・多彩な交流の中で出会った一流の人の一流たる言動を彼女ならではの柔らかな視点で説く。

幸せをつかむ女（ひと）と
逃す女の習慣

里岡　美津奈

働く女性は仕事に恋に趣味に、やりたいことで忙しい。でも仕事を通じて魅力をつけ自立した女性こそ、自分らしく毎日幸せに生きることができるのです。
２０代３０代をトップCAとしてひた走り、退職してからもコンサルタントとして活躍し、50代で結婚した著者が自身の経験や周囲の幸せな女性たちの姿をもとに語ります。

本体 1400 円＋税　B6 並型　216 ページ
ISBN978-4-7569-1964-9　2018/04 発行

好かれる女（ひと）と
面倒な女の習慣

関下　昌代

人間関係って、めんどくさい……。
自身の失敗談や周囲の事例を元に誰からも好かれ、少なくとも面倒がられない自分のありかた、仕事のしかた、人間関係の作り方を紹介します。

本体 1400 円＋税　B6 並型　208 ページ
ISBN978-4-7569-1752-6　2015/01 発行